인생은 예측 불허

나의 ○○○ 03

인생은 예측 불허
나의 노점 이야기

1판 1쇄 | 2024년 4월 29일

지은이 | 유의선

펴낸이 | 안중철, 정민용
편집 | 윤상훈, 이진실, 최미정

펴낸곳 | 후마니타스(주)
등록 | 2002년 2월 19일 제2002-000481호
주소 | 서울특별시 마포구 신촌로14안길 17, 2층 (04057)
전화 | 편집_02.739.9929/9930 영업_02.722.9960 팩스_0505.333.9960

블로그 | blog.naver.com/humabook
엑스, 인스타그램, 페이스북 | @humanitasbook
이메일 | humanitasbooks@gmail.com

인쇄 | 천일문화사_031.955.8083 제본 | 일진제책사_031.908.1407

값 16,000원

ⓒ 유의선, 2024

ISBN 978-89-6437-449-8 04300
　　　978-89-6437-417-7 (세트)

나
의
○
○
○
03

인생은
예측 불허

나의 노점 이야기

✕

유의선

후마니타스

차례

제1부 기다리면서 이해하게 된 것들

제2부 밥에서 밥으로

제3부 노점에 불이 켜지면

일러두기

1. 이 책은 저자가 2013, 14년 〈레디앙〉에 연재한 글과, 이 책을 위해 새로 쓴 글들로 구성했다.

2. 본문에 등장하는 물가 및 시세는 저자가 노점을 했던 2012년 1월부터 2013년 1월 당시를 기준으로 한다.

3. 단행본, 정기간행물에는 겹낫표(『 』), 인터넷 매체, 영화, 방송 프로그램, 노래 등에는 홑화살괄호(〈 〉)를 썼다.

4. 본문 사진은 저자가 제공했다.

이 책의 노점 용어

마차 노점상이 사용하는 이동식 매대의 통칭. 바퀴가 달려 있어야 하며, 고정되어 있거나 엔진이 달린 경우도 있다.

박스 노점 인도에 가로(街路) 판매대와 구두 수선대 이외에 박스형으로 만들어진 노점. 일부 노점상은 '깡통 노점'이라고도 부르며, 지자체가 디자인을 한 경우 '디자인 노점'이라고도 한다.

노점 단체 노점상을 회원으로 하는 단체. 전국적 조직으로는 두 단체(전국노점상총연합, 민주노점상전국연합)가 있으며, 각각 지역별(서울은 자치구별, 지방은 도시별)로 조직되어 있다.

지역 봉고차 지역의 노점 단체는, 승합차 위에 나팔 모양의 방송용 스피커가 있고 옆면에 큰 글씨로 단체 이름이 적힌 차량을 운영하기도 한다.

계고장 지자체의 도로 관리 부서에서, 노점이 도로법상 점용 허가를 받지 않고 무단 점용 했으니 자진 철거 하라는 내용으로 발부한 스티커 형태의 문서. 주로 노란색이다.

용역 노점상을 단속하기 위해 지자체와 계약을 맺은 용역업체의 사람들을 편의상 부르는 명칭이다.

이어져라, 이어져라

학창 시절 나는 연극에 미쳐 있었다. 무대 위에서 나 자신과 다른 사람을 연기하는 매력에 푹 빠져 있었다. 연극을 하다 보면 모든 배역이 좋았지만, 그래도 주인공이 되고 싶었다. 한 번쯤은 나를 중심으로 이야기가 전개되는 새로운 세계를 경험하고 싶었다. 연극이 좋아서 직접 만든 고등학교 연극부에서도, 대학의 작디작은 과 연극 동아리에서도 그 소망은 이뤄지지 않았다. 일단 여중·여고·여대를 다닌 나로서는 여자 역할을 맡는 것 자체가 어려웠다. 내 기억에 유일하게 해본 여자 역할은 정신 병동에 입원한, 허리가 기역(ㄱ) 자로 굽어 지팡이를 짚고 다니는 백발의 할머니 역할이었다. 구성원의 특성상, 선택된 대본에 '남주' 따위는 없었다. 대학 연극 동아리에서 2년쯤 활동했을 무렵 내가 앞으로 평생 연극을 하며 살 수 있을까 살짝 고민하고는 바로 접었다. 주인공을 할 수 없을 것 같아서가 아니라 구강 돌출형인 내 신체 조건으로는 연습을 해도 늘 발음이 샜기 때문이고, 운동이라는 새로운 세계를 경험하고 그곳에 푹 빠졌기 때문이다.

　　이후 나는 사회단체 활동가로 살면서 거리의 사람들과 연대하는 일을 했다. 집을 잃고 거리로 나온 노숙인, 먹고 살기 위해 거리로 나온 노점상, 시설이 아닌 지역에서 살기 위해 거리로 나온 장애인, 그리고 거리로 나오지 않기 위해 분투하는 철거민들과 함께했다. 거리는 투명 인간 취급을 받는 사람들이 생존을 걸고 싸우는 전쟁터였고, 좀 더 나은 삶을 위해 더 많은 사람들과 연대하는 곳이었다. '운동권' 으로 산다는 것은 조연이 되려는 일이었다. 어떻게든 누군가의 존재를 알리거나, 그들의 목소리를 대변하기 위해 몸부림치는 일이었다.

　　내게 운동은 신념을 위해 사는 일도 아니었고, 정파나 사상적 조직에 속해 치밀한 분석이나 전략·전술을 구현하는 일도 아니었다. 내게 운동은 사람과 관계를 맺는 일이었고, 그 사람도 나도 사람답게 살 수 있기 위한 싸움이었다. 한두 사람의 힘으로는 할 수 없는 일이므로 더 많은 사람들이 모여야 했고, 나는 대중의 힘을 믿었다. 연대만이 더 큰 대중을 모으는 일이라고 생각했다. 나는 노점상·철거민·노숙인·장애인 대중 단체와 사회단체가 함께하는 연대 단체를 구성해 활동했다.

그런데 운동에는 '당사자성'이라는 게 있다. 너무나 당연하게도, 장애인 운동의 주체는 장애인인 것처럼, 노점상·철거민·노숙인이 운동의 주체였고 나는 그 사이를 오가는 지원자였다. 당사자들에게 나는 자신들을 열심히 도와주며 '좋은 일'을 하는 연대 단체의 사무국장일 뿐이었고, 언제든 떠나 버리면 그만인 사람이었다. 나 또한 머리로는 무엇이 문제인지 너무나 잘 알고 있었지만, 그들이 겪는 문제가 온전히 내 문제가 되지 못하는 괴리가 있었다. 내 운동은 나 자신의 삶과 거리가 있었다.

나는 활동하던 단체에서 나와 노점으로 생계를 유지하기로 마음먹었다. 노점상 단체에는 활동가 출신이 많았고, 그들도 한 번씩은 직접 노점에 도전했지만, 누구도 성공하지 못했다. 나는 활동가의 노점상 성공기를 내가 써보리라 생각했다. 매일 만나는 노점상들이 모두 하고 있는 일인데, 나라고 못 하랴, 나도 이제 그냥 활동가가 아니라 노점 당사자가 되겠다고 마음먹고 겨울에 덜컥 잉어빵 노점을 시작했다. 잉어빵 노점은 봄이 되어 떡볶이 노점으로, 가을이 되어 핸드폰 케이스 노점으로 바뀌었다가 결국에는 사라졌다.

노점을 하는 1년 동안 나는 단속받은 날이 단속받지 않은 날보다 많았다. 단속의 절반은 주변 상가에서 넣은 민원과 신규 노점 단속 때문이었지만, 나머지 절반은 노점상이 노점상을 밀어내기 위해 넣은 민원 때문이었다. 더 좋은 자리를 차지하기 위해 노점 단체는 다른 단체에 속한 노점이 장사를 하지 못하도록 막았고, 어느 조직이 더 힘이 센지 보여 주기 위해 다른 지역 노점상들을 동원해 집회를 했다. 노점상들 간의 싸움에 주민들은 눈살을 찌푸렸고, 노점상도 주민도 구청에 민원을 넣었다. 도대체 어디서부터 잘못된 것인지 알 수 없는 일들이 매일 일어났다. 노점상들은 장사를 하지 못했고 주민들은 무엇 때문에 시끄러운지 알수 없는 상황이 계속되는 가운데, 홀로 떨어져 있었고 신규 노점상이었던 나는 노점 박스를 구청에 뺏기고 노점을 접어야 했다.

　거리에서 나는 투쟁꾼이었다. 연극으로 다져진 목소리는 앰프가 없어도 웬만한 인원은 다 들을 수 있을 만큼 쩌렁쩌렁한 소리를 냈고, 용역 깡패나 단속반과의 몸싸움에서 맨 앞에 나서도 밀리지 않을 만큼 단단한 하체가 있었다. 싸움에는 자신이 있었다. 하지만 노점의 경험은 내게, 거리에서 싸우는 이유에 대해 생각하게 했다. 투쟁의 목적은 노점상들이 거리에서 장사할 수 있기 위한 것이었는데, 한 발짝도 물러설 수 없으니 여기서 끝장을 보자는 식의 투쟁은 오히려 더 많은 노점상의 생계를 위협하고 있었다. 물러서는 것 같을지라도 주변 상가의 민원을 받아들이고, 지방자치단체(지자체)와 서로 절충할 지점을 찾아야만 더 오래 거리에서 살아남을 수 있을 텐데, 계속되는 버티기와 몸싸움은 무엇을 위한 것일까 하는 회의도 들었다. 노점은 고립되어서는 살아남을 수 없으며, 작지만 실질적인 변화를 만드는 것이 중요하지 않을까?

　지자체의 노점 단속은 심해졌지만, 사람들은 예전처럼 노점상을 안타깝게 여기지 않았다. 오히려 월세도 세금도 안 내는 파렴치한 사람들로 취급했다. 보행에 불편을 줘서가 아니라, 존재 자체가 불편해진 것이다. 아무도 노점을 원하지 않고 오히려 문제라고 생각한다면 노점은 없어질 수도 있다. 한순간에는 아니겠지만 아마도 가장 약한 노점상부터 밀려날 것이다. 내 노점이 그랬다.

노점상 당사자가 되는 데 실패한 나는 본격적으로 노점 단체에서 활동하면서 노점이 인정받을 수 있는 방법을 찾으려고 했다. 가장 중요한 것은 노점상들이 생계를 이어갈 수 있도록 내일의 단속을 막는 것이었다. 나는 지역 주민들에게 존재를 인정받아야 살아남을 수 있고, 투쟁만 고집해서는 노점의 미래가 없다고 생각했다. 이와 더불어 생계를 위해 노점을 하고 싶지만, 그럴 수 없는 사람들에게 곁을 내주는 일도 노점상이 나서서 해야 한다고 생각했다. 내가 생각하는 운동은 자신의 힘으로 자신의 삶을 바꾸는 일이었다. 당사자들의 무너진 일상을 복구하는 일이었다. 장사를 하는 날보다 단속이 더 많은 날이 일상일 수는 없었다. 그러나 노점상 당사자도 아닌 나는 이런 고민을 해결할 방법을 찾지 못했고, 싸움이 일상이 되어 버린 상황에서 누구와 싸워야 하는지도 혼란스러웠다. 그리고 나는 10년 가까이 몸담았던 노점 단체를 떠났다.

○ ○ ○

인생은 정말 예측 불허다. 나는 지금 스타트업에서 일하고 있다. 이곳에서 일한 지 1년이 훨씬 지났는데도 여전히 신기하다. 스타트업이라니. 무려 미디어 플랫폼 스타트업이다. '미디어', '플랫폼', '스타트업'은 내 반백 년 인생에 단 한 번도 걸쳐 본 적이 없는 것들이다. 지금까지도 내가 스타트업에서 일한다고 하면, "네가 거기서 뭘 하는데?"가 사람들의 첫 질문이다.

나는 여기서 이슈의 '당사자'를 섭외하고, 사람들의 질문에 본인이 직접 답하는 '소셜 인터뷰'를 진행하는 일을 맡고 있다. 사람들이 관심을 갖는 이슈에 대해 누구나 말할 수 있으나, 사건의 당사자가 말하는 힘은 다르다. 본인이 경험한 일을 이야기하는 것에 사람들은 관심을 갖는다. 당사자는 여기에서도 중요하다.

지금 일하는 곳은 엄연히 '이윤을 목표하는 직장'이며 '운동하는 단체'가 아니다. 당연히 나는 장난 아니게 헤매고 있다. 입사 초기 '어마무시한' 기세로 조직의 목표에 맞추려고 노력했던 나는 어느새인가 하나를 들으면 열을 헷

갈리는 상태가 되어 있었다. 지금까지 나는 내 능력으로 일 했다기보다 능력 있는 사람들과의 관계를 통해 일했기 때문 이다. 이제는 주인공도 조연도 될 생각이 없는데, 아예 존 재감이 없다. 노점을 할 때도 비슷했다. 거리에 수많은 사 람들이 지나가는데 내 노점의 존재는 보이지 않았고, 그 안 의 나는 투명 인간이었다. 하지만 나는 끊임없이 사람들과 이어지려고 했다. 나와 내 노점이 연결된 모든 것이 소중했 고, 그들이 있어서 내가 존재한다는 사실을 확인할 수 있었 다. 여기서도 그럴 것이다. 조직의 방향에 대한 내 이해가 부족하더라도 이 신기하고 놀라운 세계에서 나는 사람들과 관계를 맺고, 사람과 사람 사이를 계속 연결하며 살아갈 것 이다.

성수동으로 출근하며, 나는 다른 위치에서 노점을 만 난다. 지하철역 출구 앞에 늘어서 있는 토스트 노점들과, 내가 그랬던 것처럼 공사장 주변 울타리 옆 인도와 사유지 의 경계에서 장사를 하는 잉어빵 노점 총각과, 금요일 오후 마다 아파트 단지 입구 정자 옆 넓은 인도에 자리를 잡는 떡 볶이 차량 노점을 본다. 아직 노점은 있다. 그 노점을 하는 사람이 누구인지 기억하는 사람은 별로 없겠지만, 아직 노점이 사라지지 않고 있다는 것은 여전히 노점의 존재를 인정하는 사람들과, 노점을 이용하는 사람들에게 고마운 마음을 갖고 살아가는 노점상이 있어서일지도 모른다.

　　노점상의 경험을 처음 글로 썼을 때 나는 아직 투쟁하는 사람이었기 때문에, 왠지 내 나약한 모습을 보여 주는 것 같았다. 노점상 단체를 그만두고 나서는 사람들이 노점상을 싫어하는데, 누가 이런 글을 보겠나 싶었다. 지금의 직장에서 일하게 된 후, 플랫폼에 올라오는 다양한 사람들의 글을 보면서는 내 글을 책으로 내놓기 부끄럽다고 생각했다. 출판을 망설이는 내게 편집자는 "그 또한 당신의 이야기잖아요. 당사자의 이야기에는 힘이 있어요."라고 했다. 그 말이 위로와 힘이 되었다. 누군가가 포기하지 않는 한, 우리는 끊임없이 이어지고 있다. 이 책을 읽는 누군가와도 그렇지 않을까. 그래서 용기를 내어 이 책을 낸다.

　　이 책은 노점상으로 살았던 날들의 기록이다. 어리바리한 초짜 노점상이 잉어빵을 굽고, 떡볶이를 팔기 위해 좌충우돌한 이야기이지만, 실은 노점상이 되고 나서 달리 보였던 세상과 사람들에 대한 이야기이다.

나의
노점 이야기

제1부

기다리면서
이해하게 된
것들

전기가 들어오지 않는 마차, 바람 부는 밤,

충전한 작은 배터리에 연결한 작고 희미한 등과

잉어빵을 데우기 위해 켜둔 약한 가스 불에 의지하는 시간.

내가 미워했던 혹은 이해할 수 없다고 단언했던 것에 대해

오래오래 생각했다.

노점상,
시작하는 것도 쉽지 않아
붕어빵 장사를 시작하면서

노점은 경우에 따라 불법일 수 있다

시흥 사거리. 노점을 시작하는 날, 겨울치고는 날씨가 좋다. 도움을 주러 온 분들과 "유동 인구가 많아 대박 나겠다."는 덕담을 주고받으며 마차가 오기를 기다렸다. 트럭이 도착하고 주홍색 마차가 내려지고 있는데 바로 경찰차가 온다. 그리고 5분도 되지 않아 구청 단속반이 들이닥쳤다.

"아줌맛! 여기서 장사하면 안 돼! 당장 치워요!"

구청 직원들은 자리도 잡지 못한 마차의 천막을 냅다 뜯으며 당장 치우지 않으면 실어 가겠단다. 나는 마차에 매달리고, 지역장님을 비롯해 나를 도와주러 온 몇몇 분들은 구청 식원과 말싸움, 몸싸움을 하며 한참 실랑이를 했다.

1차는 격앙된 말싸움과 약간의 몸싸움, 2차는 조금 더 격렬한 몸싸움, 3차는 협상 시도, 4차는 잠시 휴전, 5차는 한 시간 내에 치우라는 경고와 구청의 퇴장, 6차는 마차를 실어 갈 트럭과 함께 구청 단속반의 재등장과 몸싸움, 7차는 설득과 협박이 뒤섞인 일장 연설…. 7차쯤 되니 구청 직원이 말한다.

"신규 노점은 무조건 안 됩니다!"

기존에 하고 있는 사람들은 어쩔 수 없지만 새로 들어오는 노점은 절대, 결코 안 된다는 것이다. 노점이 불법이어서가 아니라 신규여서 안 되는 것이다. 구청이 보기에 노점은 신규와 기존으로 나뉜다. 이미 자리를 잡고 장사를 하고 있으면 기존 노점이고 새로 진입하려는 노점은 신규다. 기존 노점은 단속하기 어려운 반면 신규의 경우 적극적인 단속의 대상이 된다. 노점에 대한 대다수 지자체의 방침이 '신규 노점의 진입은 절대 불가, 기존 노점은 점진적으로 감축'이기는 하지만, 기존 노점 수를 줄이는 것은 쉬운 일이 아니므로 단속 실적을 올리기 위해서는 신규 노점이 주요 단속 대상이 될 수밖에 없다.

주변 상가에서도 신규 노점이 반가울 리 없다. 꼭 품목이 겹쳐 그런 건 아니다. 먹거리 노점이면 품목이 달라도 내 장사에 영향을 줄 거라 생각하게 된다. 그래서 신규 노점에 대해서는 주변 상가도 적극적으로 민원을 넣는다. 기존 노점은 신규 노점을 제일 싫어한다. 신규는 단속의 표적이기 때문에 기존 노점도 덩달아 단속받을 수 있다는 것, 노점이 늘어나 본인의 노점에 좋을 게 없다는 것 등이 이유다. 나는 절대 금지 구역에 겁도 없이 마차를 내려놓은 신규 노점이었다. 나름 벼랑 끝에서 단단한 각오로, 먹고살겠다고 한 발을 디딘 신규 노점상에게 거리는 차갑고 매몰차고 폭력적인 곳이었다.

이런 생각을 할 수도 있다. 전국노점상총연합(전노련) 등 노점 단체에 가입하면 자리를 잡을 수 있게 함께 싸워 주지 않겠느냐고. 그러나 노점 단체는 이미 자리를 잡은 노점상을 회원으로 받을 뿐 자리 잡는 과정을 함께해 주지는 않는다. 마차에 쇠사슬을 매고 버티든 마차를 붙잡고 밤을 새우든 일단 자기 마차와 자리를 지키고 살아남아야 회원도 될 수 있다. 나는 그나마 노점 단체와의 인연으로 몇몇 분들에게 도움을 받았지만 '기존 노점'에 속한 그분들에게도 '신규 노점'은 우길 수 있는 문제가 아니었다.

짧은 겨울 해가 넘어갈 때까지 계속된 긴 싸움에서, '신규여서 안 된다'는 구청 직원의 말을 듣는 순간, 나는 몸싸움보다 말싸움이 더 힘들어졌다. 내 입에서 "저 사람들은 되는데, 나는 왜 안 되냐."라는 말이 나올까 봐. '나를 단속하려면 다른 노점도 단속하라'는 의미로 들릴까 봐.

아줌마. 나는 학생운동 시절 '아줌마'로 불렸다. 함께 했던 그룹에서 '왕고'이기도 했고, 가명이 자주 바뀌어 이름을 기억하기 어려운 후배들이 붙여 준 애칭이었다. 누구나 나를 '아줌마'라고 불렀고, 나는 스물여섯 꽃다운 나이에도 시장에서 누군가 "아줌마!" 하고 부르면 냅다 쳐다볼 정도로 그 이름이 익숙했다.

"아줌마! 마차 치워!"

"아줌마! 안 된다니까!"

"아줌마! 왜 이래!"

"아줌마!" "아줌마!" "아줌마!" "아줌마!" …

긴박했던 상황에서도, 노점 첫날 단속반원이 끊임없이 불러 대는 아줌마 소리가 왜 그리 거슬리던지. 구청 주임이 퇴근 시간 무렵 "아줌마! 오늘 무조건 치워요." 하고는 가려는데, 내가 대뜸 말했다.

"저, 아줌마 아니거든요!"

구청 주임이 차를 타려다 나를 돌아본다. 정확히 기억은 안 나지만 "?????" 정도의 반응이었던 것 같다. 아… 맙소사. 마흔 넘은 내가 아줌마가 아니면 뭐란 말인가.

잉어빵과 붕어빵은 다르다

구청 직원들이 떠나니 해가 뉘엿거리고 있었다. 마차를 펴고 첫 장사를 시작했다. 좀 더 정확히 말하자면 처음으로 혼자서 잉어빵을 구워 봤다.

누구나 별 자본 없이 시작할 수 있는 노점이 잉어빵(붕어빵)이다. 재료상에서 잉어빵 장사를 하겠다고 하면 마차와 천막, 잉어빵 틀과 현수막을 무료로 빌려준다. 반죽과 팥소 이외에 종이봉투와 비닐봉지, 주전자와 틀 뒤집는 꼬챙이 정도를 재료상에서 일괄 구매하면 된다. 별도로 준비해야 하는 것은 가스와 전등을 켤 배터리 정도다. 총 23만 원 정도가 들었다. 물론 잉어빵 장사를 접으면 재료상에 마차와 장비는 반납해야 한다.

잉어빵은 불 조절이 제일 중요하다. 적당히 달군 틀에

처음에는 마가린으로 기름을 먹이고 닦아 낸다. 반죽만 조금씩 부어 익힌 후 익은 반죽은 버린다. 틀을 청소하고 열이 고르게 들게 하는 과정이다. 이 과정은 장사 시작할 때 한 번 하면 된다.

그다음에 1번 틀부터 반죽을 반쯤 붓고 팥소를 올리고 다시 반죽을 붓고 뚜껑을 덮어 뒤집는다. 팥소를 머리부터 꼬리까지 꽉 차게 넣는 것이 포인트다. 이렇게 절반 정도가 돌면 처음 반죽을 넣은 1번 틀을 다시 뒤집어 준다. 첫 반죽 틀이 한 바퀴 돌아오면 꺼내면 된다. 잉어 모양 주변의 반죽은 꼬챙이로 긁어내서 진열한다. 나는 역시 음식 쪽에는 소질이 있나 보다. 제법 그럴싸하다.

잉어빵의 소는 팥과 슈크림 두 가지다. 팥은 주걱과 꼬챙이로 떼어 넣고 슈크림은 튜브로 짜서 넣으면 된다. 팥이 들어 있는 잉어빵은 통통하고 팥이 보일 듯 진하게 익고, 슈크림 잉어빵은 얄팍하고 노란빛이 감돈다.

잉어빵과 붕어빵의 차이는 크기가 아니다. 반죽에 찹쌀가루가 포함되어 있는지 여부, 팥 반죽에 팥 알갱이가 들어 있는지 여부라고들 한다. 결론적으로 가격도 다르다. 잉어빵은 세 개에 1000원. 붕어빵은 일곱 개에 1000원.

나는 노점을 시작했다. 이전과는 전혀 다른 일상이 나를 기다리고 있었다.

잉어빵 장수의
돈
지나가는 사람과 들어오는 사람

세상에는 두 가지 부류의 사람이 있다. 지나가는 사람과 들어오는 사람. 온종일 거리의 사람들을 바라보고 있으면 세상의 모든 사람이 그저 지나가는 사람들이라는 생각이 들곤 한다. 카메라의 셔터 속도를 느리게 해서 찍은 사진처럼 사람들이 지나간다. 잉어빵 마차 따위는 보이지도 않는 것처럼.

그러다 가끔씩 불쑥 들어오는 사람이 있다. 마차 안으로 누군가 들어올 때 나는, 거리에 나도 존재하고 있다는 사실을 퍼뜩 깨닫는다. 주로 길을 물어보거나 잉어빵을 사는 사람들이지만 그 외에도 다양한 경우가 있다.

내가 있던 시흥 사거리는 바람이 많이 불고 횡단보도 신호 대기 시간이 길다. 낮 시간에 근처 현대시장에 오는 사람들은 대부분 연세가 많은 할머니들이다. 나는 천막 안으로 들어와 신호가 바뀔 때까지 바람을 피하시라고 권한다. 내가 말하기 전에 천막으로 대피하는 분들도 있다. 할머니들은 잉어빵을 사지 못하는 게 미안한지 꼭 한마디씩 한다.

"아유, 젊은 색시가 왜 이런 고생을 해."

아, 젊은 색시라는 말에 잉어빵 하나 안 드릴 수 없다. 할머니는 바람도 피하고 잉어빵도 하나 챙겨 흐뭇하게 떠나고, 잉어빵을 파는 젊은 색시는 또 다른 할머니를 기다린다.

매일 시흥 사거리로 출근하는 할머니가 있었다. 신호 대기 중인 사람들에게 전도를 하는 분이다. 날이 엄청 추운데도 하루도 거르지 않고 거리로 나왔다. 내가 오고 나서는 중간중간 마차에 들어와 몸을 녹이며 내게 전도를 시도했다.

내가 물었다. 누가 시키는 것도 아니고 돈이 생기는 것도 아닌데 쉬엄쉬엄 하시지 뭘 그리 무리해서 나오시냐고. 할머니가 얘기한다. 말씀을 전파하는 게 자신의 소명이고 신념이라고. 신념, 소명. 조금의 흔들림도 없이 단호하게 얘기하는 할머니. 왠지 할머니의 그 단호함이 부러웠다. 다만 할머니의 종교가, 많은 사람들이 이른바 '사이비 종교'라고 부르는 것이어서 길 위에서의 그 단호함이 좀 안쓰러워 보였다.

시흥 사거리 담당 환경미화원 아저씨는 내가 인사를 해도 반응이 없고 무뚝뚝했다. 잉어빵을 권해도 받지 않았다. 저 아저씨는 여기 마차가 있는 게 마음에 안 드나 보다 생각하게 될 즈음, 아저씨가 마차로 들어와 잉어빵을 달라더니 서론도 없이 이야기를 꺼냈다.

"나는 처음에는 마스크를 쓰고 일했어요."

아저씨는 환경미화원 일이 창피해 언제나 마스크를 쓰고 일했다고 한다. 그런데 시간이 지나고 생각해 보니 창피할 일이 아닌데 자격지심이었다고 했다. 그러고는 잘 먹었다며 다시 일하러 나갔다. 그게 끝이다.

아저씨는, 이런 일 한다고 자격지심 갖지 말라는 말을 해주려고 내 잉어빵을 처음이자 마지막으로 드셨다. 잉어빵 하나에 큰 응원을 얻었다.

마차에도 뿌리가 있었으면

독거 중년으로 살다 보면 혼자 해결해야 하는 일투성이다. 누구에게도 하소연할 수 없는, 혼자 해결해야만 하는 일들. 무슨 일이 발생하더라도 언제나 침착하게 스스로 해결해야 한다는 것을 깨달을 즈음 나는 노점을 시작했고 마차와의 씨름이 시작됐다.

내가 처음 마차를 둔 곳은 시흥 사거리의 모퉁이. 양쪽으로는 횡단보도가 있고, 정면은 공사장이었다. 공사장에서 건축물 쓰레기를 내오는 문이 바로 앞이고, 공사장 펜스를 경계로 인도가 이어져 있었다. 엄밀히 구분하자면 공사장의 문 입구 한 평(약 3.3제곱미터) 정도가 사유지이고 나머지는 인도였다.

나는 계속되는 단속에 마차를 끌고 '노점 메뚜기'가 되었다. 단속이 나온다. 마차를 끌고 공사장 출입구 앞 사유지 부분으로 이동한다(사유지의 적치물에 대해서는 구청이 직접 단속하지 않는다). 공사장으로 차가 들어가려고 한다. 다시 인도로 나간다. 다시 단속이 나온다. 다시 공사장 출입구로 이농한다. 공사장에서 차가 나오려고 한다. 다시 인도로 나온다. 다시 단속이 나온다. 다시…. 노점을 시작한 지 3일 차. 나는 그날 하루에만 마차를 일곱 번 옮겼다.

잉어빵을 만들기 위해서는 마차의 수평이 맞아야 한다. 그렇지 않으면 기울어진 쪽으로 반죽이 흘러 잉어빵 모양이 제대로 나오지 않고 가스 불이 나오는 구멍이 쉽게 막히기 때문이다. 마차를 이동하려면 마차를 고정하고 수평을 맞추기 위해 잠근 고정 핀을 풀어야 한다. 낡은 마차의 고정 핀은 손으로 풀리지 않는다. 누군가 있을 때는 부탁할 수 있지만 혼자 있을 때는 알아서 해결해야 한다. 녹슨 고정 핀을 벽돌로 쳐서 돌려 푼다. 바퀴가 땅에 닿으면 천막이 나풀거리지 않게 싸고 마차를 이동시킨다. 천막을 고정하기 위해 아래쪽에 괴여 둔 벽돌들을 옮긴다. 남은 짐들을 옮긴다. 다시 마차의 수평을 맞추기 위해 고정 핀을 벽돌로 치고, 천막을 고정하고 벽돌을 괴여 둔다. 다시 불을 피운다. 이 작업의 곱하기 7.

노점상들은 자신이 장사하는 공간을 '내 자리'라고 이야기한다. 나는 지금까지 그 표현이 불편했다. 노점은 점유를 한 것이지 소유를 한 건 아니라고 생각했기 때문이다. 그럼에도 나는 이날, 잭의 콩 나무처럼 내 마차에서 뿌리가 나와 땅속으로 쑥쑥 자랐으면 좋겠다는 생각을 했다.

온종일 난로 하나 없이 거리에 서있어야 한다는 것 말고도, 잉어빵 하나를 만드는 데 최소한 열 번 정도 팔 운동이 필요하다. 잉어빵 세 개에 1000원. 2000원어치를 사면 하나를 더 준다고 보고, 태워서 버리거나 팔리지 않아 버리는 것까지 포함하면 잉어빵 장사도 간단한 노동은 아니다. 사실 장사가 잘되는 잉어빵 노점은 엄청난 노동이 필요하다. 내 경우는 그것들이 팔리기를 기다리는 일이 더 힘들었지만. 그럼에도 나는 즐거웠다. 적어도 내 노동은 누군가의 허기를 채우거나 즐거움을 주는 일이자, 내 노동의 대가가 일정 정도 돌아오는 일이었으며, 다양한 사람들의 삶을 엿볼 수 있는 기회였고, 무엇보다 정신이 맑아졌다.

내가 메뚜기를 하는 공사장의 인부 가운데 나를 유심히 본 분이 있었다. 점심시간이 끝날 무렵이면 꼭 나와서 오늘은 별일 없었냐고 물었다. 그렇게 며칠 수다로 알게 된 그분은 중국인 부인과 그녀의 가족을 한국으로 초청해 함께 살고 있다고 했다. 기술이 있어서 주로 전기공사 쪽을 담당하고 있는 것 같았는데, 내 마차의 등을 켜는 배터리를 보곤 전기를 끌어다 쓰라고도 했다(그런 권한까지 있는 분은 아니었다).

　며칠 지나자 아저씨가 잉어빵을 2000원 혹은 3000원 어치씩 사서 공사장 사람들에게 돌리기 시작했다. 나는 단골이 생겼다고 좋아했다. 잉어빵이 잘 나가지 않는 오후엔 아저씨가 언제 나오시나 기다리기도 했다.

　그런데 알고 보니 공사장에서 일하는 사람들에게는 오후 간식으로 빵과 캔 커피가 매일 원하는 만큼 제공되고 있었다. 아저씨가 잉어빵을 사는 것은 출출해서가 아니라 내가 안쓰러워서였다. 조금 복잡한 감정이 들었다. 나는 동정을 받고 있었던 것이다.

　잉어빵을 사려고 천 원짜리 두세 장을 꺼낼 때 언뜻 보이던 아저씨의 빈약한 지갑이 떠올랐다. 괜히 코끝이 찡했다. 가난한 이들을 돕는 건 부자가 아니라 가난한 이들이다. 뭐, 복잡할 것 없다. 가난한 이들의 행복이 이런 것 아니겠는가.

돈, 혹은 그것을 둘러싼 에피소드

하나. 앞에서도 말했지만, 내가 있는 곳은 시흥 사거리 현대시장 입구 쪽이었다. 현대시장은 워낙 싸게 물건을 팔아서 먼 지역에서도 사람들이 장을 보러 온다. 다만, 시장 물가가 너무 싸다 보니 내 잉어빵이 비싸다고들 했다. 시장 안에는 네 개에 1000원 하는 곳도 있었기 때문이다. 노점의 하루만큼 서민의 하루도 버겁다.

둘. 노점 7일차. 바람이 많이 불던 날이었다. 온종일 일해 재료비를 빼고 손에 쥔 돈은 1만 5000원. 남은 돈의 액수보다 내가 하루를 꼬박 한 노동과 기다림의 무게가 스스로 안쓰러운 날이었다.

내가 노점 단체에서 사무처장으로 일하던 시절, 종로의 노점상들이 이면 도로로 강제 이주를 당했다. 실태 조사를 나가서 파악한 그분들의 소득은 하루 2만, 3만 원 수준이었다. 나는 언론과 인터뷰할 때마다 종로 이면 도로 노점들 중에는 개시도 못 하는 사람이 태반이라고 이야기했었다. 나는 생각한다. 말은 얼마나 쉽고, 가벼운가. 현실에 비해….

셋. 화창한 일요일 오후. 날이 좋아 잉어빵 팔기는 틀렸다고 생각했다. 예배를 마친 인근 교회 사람들이 길에 나와 지나가는 사람들에게 커피와 차를 나눠 줬다. 나도 생강차 한 잔을 받아 마시고 있는데 한 아저씨가 마차 안으로 들어왔다. 완전 취했다. 알아듣지 못할 혼잣말을 중얼중얼하다가 혼자 큰 소리로 껄껄껄 웃는다. 계산이나 할 수 있을라나… 이 아저씨, 잉어빵 여섯 개를 먹고 2000원을 낸다. 다행이군.

아저씨는 커피를 나눠 주는 교회 분들에게 다가갔다. 다행이다. 아저씨가 다시 온다. 잉어빵을 만 원어치 싸달란다.

"아저씨, 많이 드셨잖아요. 어디 가져가시게요?"

아저씨가 싸라면 싼다. 빳빳한 새 돈인데 막 구겨 넣은 만 원짜리가 주머니에서 나왔다. 한 판 구워 놓고 쳐다만 보던 잉어빵을 다 쌌다. 아저씨가 잉어빵을 가지고 교회 분들에게 가서 나눠 준다. 그러고도 잉어빵이 남았는지 어디론가 가고 보이지 않는다.

30분쯤 뒤에 아저씨가 또 나타났다. 잉어빵을 2만 원어치 더 싸란다.

"집이 어디세요? 많이 취하셨어요. 집에 가세요."

직장은 상봉동이고 집은 안산이란다(그런데 이 시간에 왜 여기에?).

"아저씨가 다 사가서 잉어빵은 지금 굽고 있고, 이 판을 가득 채워도 만 원어치밖에 안돼요."

아저씨가 소리를 버럭 지르며 빨리 구워서 싸달란다. 아저씨는 월급을 받았다며, 주머니에서 구겨진 새 돈 만 원짜리 두 장을 더 꺼내 놓고 결국 양손에 잉어빵 봉다리를 잔뜩 들고 가버렸다.

아저씨는 집에 잘 갔을라나. 다음 날 아침에 왜 돈이 없는지 기억은 할라나. 그 많은 잉어빵을 어찌했을까. 나는 혹여 아저씨가 돈을 돌려 달라고 올까 봐 일주일 동안 그 3만 원을 들고 다녔다.

넷. 잉어빵을 팔다 보니, 모든 금액이 잉어빵으로 환산됐다. 예를 들면, 소주 한 병은 잉어빵 네 개, 3000원짜리 커피는 잉어빵 열 개, 휘발유 3만 원이면 잉어빵 40, 50개(누군가 3만 원어치 잉어빵을 샀다면 이렇게 줬을 테니까)… 뭐, 이런 식이었다. 내게 잉어빵은 곧 나의 노동이었다. 돈을 쓸 수가 없었다.

다섯. 총선을 앞두고 후보 등록과 선거운동이 한창이

었다. 잉어빵 장사를 하며 모은 돈을, 아끼는 정치인 한 명과 노점 활동가 한 명에게 후원했다. 10만 원씩. 내게는 100만 원 이상의 가치가 있는 돈이었고, 돈이라기보다는 내 노동이고 마음이었다. 함께하지 못하는 미안함을 이렇게라도 전달하고 싶었다.

기다리는 사람들

기다리면서 이해하게 된 것들

시간은 균일하게 흐르지 않는다

퇴근 시간 한 시간 전인 오후 5시. 그때부터 시간은 '냠냠'하고 흐르지 않고 '범버꾸 범버꾸' 하며 흐른다. 보고 싶은 사람을 만나러 가는 버스 안. 〈벼랑 위의 포뇨〉처럼 우다다 달려가 펄쩍 뛰어 덥석 안기고픈 마음일 때, 시간은 '째~에~에~에~에~에~까악!' 하고 흐른다. 나는 혼자 일인 시위를 할 때 시간이 제일 늦게 간다고 믿고 있다. 그리고 겨울날의 집회에서 참다 참다 뛰어간 화장실 앞의 줄이 길 때 초침은 방광에서 뛰기도 한다. 기다림의 시간은 참 엿가락 같다.

　기다릴 것이 있다는 건 좋은 일이다. 그 대상이 명확하다면. 언젠가 온다면 말이다. 그러나 언제 올지 알 수 없는 기다림. 대상이 명확하지 않은 기다림은 늘 버겁다.

노점상의 기다림

내가 사는 동네의 이면 도로에 잉어빵 마차가 있었다. 그 거리에 마차는 달랑 하나였지만 그 아주머니는 장사를 잘 하지 않았다. 겨울 낮 시간에만 잠깐 장사를 했고 마차는 늘 접혀 있었다. 나는 그 마차가 노는 동안 내가 장사를 한 다고 얘기해 볼까 생각한 적도 있었다.

그런데 실제로 잉어빵 장사를 하면서 그 아주머니를 이해할 수 있었다. 잉어빵 틀은 잉어빵 열 개를 만들어 낸다. 주물로 된 잉어빵 틀의 온도를 일정 정도 유지하는 게 중요 하므로 한 번 구울 때 계속 굽지 않으면 다시 온도를 맞추기 가 어려웠다. 다 구워진 잉어빵을 올려놓는 쟁반 틀은 40개 정도를 담아 둘 수 있다. 온도가 적당한 잉어빵 틀을 네 번 만 돌리면 꽉 찬다. 그런데 만들어진 잉어빵은 한 시간쯤 지나면 식으면서 질겨졌다. 열심히 구워도 팔리지 않으면 식어 버리는 잉어빵.

시흥 사거리는 유동 인구가 많았는데도 나는 잉어빵을

굽는 시간보다 노는 시간이 많았고, 데우기 위해 가스를 틀어 놓아도 질겨지고 식어 가는 잉어빵을 바라보며 손님을 기다리는 시간이 더 길었다. 하염없이 손님을 기다리고, 하염없이 질겨지는 잉어빵을 바라보며, 그래도 가스를 틀고 있어야 하는 시간들.

'가스값도 안 나오겠네. 팥을 듬뿍 넣었는데 버려지면 어쩌나… 이놈들 4000원인데 3000원에 팔아 치워야지….'

그 아주머니는 어쩌면 그 시간들을 견디기 어려웠을지도 모른다.

사람 마음이라는 게 참 간사해서 단속만 없으면 좋겠다고 생각하다가 단속이 없는 날은 장사가 잘됐으면 좋겠다는 마음이 커진다. 그러나 단속이 없는 날의 기다림이란 '언제 반죽값을 하나, 가스값도 계산해야 하는데….' 같은 생각들로 시작된다.

사실 손님이 많으면 이런 생각을 할 겨를이 없지만, 나는 구워 놓고 식어 가는 잉어빵을 애써 외면하기 위해 퍽이나 산만해졌다. 돈도 세어 보고, 팥소도 떼기 쉽게 잘 치대 주고, 잉어빵 틀의 찌꺼기도 긁어내면서 한껏 산만을 떨어도 기나림의 시간은 내게 너무 버거웠다.

차를 세워 두고 손님을 기다리는 택시 기사가 습관처럼 돈을 세는 이유도 그러하리라. 좌판의 할머니들이 쪽파며 도라지며 더덕이며 다 까두는 것은 기다림의 시간을 수익으로 전환한 지혜의 결과는 아니었을까. 수많은 자영업자들이 노점상을 미워하는 건 그런 기다림의 책임을 누군가에게 돌리고 싶어서인지도 모른다.

내가 사는 동네의 작은 길에는 저녁마다 순대 곱창 볶음 노점 차량이 들어온다. 소규모 아파트 단지가 있지만 지나다니는 사람은 별로 없는 골목이다. 차량 노점이므로 공무원이 퇴근한 저녁 6시가 되어야 나와서 자정까지 있다. 다마스 트럭 짐칸을 개조해 철판을 설치했으므로 차 안에 앉지 못하고 짐칸 옆면에 어정쩡하게 앉아 있는 노점 아저씨는 언제나 그 자리에서 거리를 보고 있다. 나는 노점을 하기 전에도 그 차량 노점을 봤지만 그곳을 이용한 적은 없다. 노점을 시작한 뒤로는 집에 들어갈 때마다 그 아저씨를 보게 된다. 하염없이 앉아 있는 아저씨의 무거운 시간을 본다.

양화대교를 남단으로 건너면, 다리 끝에 노점상이 있다. 주로 만 원짜리 면도기나 휴대폰 충전기를 파는 분이다. 변변한 현수막이나 차량도 없이 위험하리만치 작은 안전지대에 서서 신호에 걸린 차량들의 운전사들을 쳐다본다.

차량 운전자들이 가장 무서워하는 사람들이 이런 노점 상들이라고 한다. 이분들이 나타난다는 건 차가 많이 막힌 다는 뜻이기 때문이다. 서부 간선도로에도 외곽에도, 막히는 곳곳에 도로 위 차량을 대상으로 뻥튀기와 호박 사탕과 커피를 파는 노점상이 있다. 도로 한복판에 마스크를 쓰고 나타나는 이분들처럼, 자신의 자리가 있는 것도 아니고 온갖 매연을 다 맡아 가며 그저 기다릴 수밖에 없는, 혹은 그저 기다릴 수도 없는 노점상도 있다.

시흥 사거리에서 맞은 첫 일요일. 내 앞에 작은 이동식 좌판 하나가 깔렸다. 나보다 조금 젊어 보이는 여성이 땅 콩과 곶감을 올려놓고 앉아 있었다. 주말에는 단속이 없으 니 주말에만 나오는 노점상인가 보다 했다. 인사도 할 겸 잉 어빵 몇 개를 주며 말을 걸었다.

이 언니는 알바를 하는 것이었다. 『벼룩시장』에서 "하루 5만 원 보장"이라는 문구를 보고 연락했더니 노점이더 란다. 여기저기 노점을 깔고 물건을 배치한 후에 그곳에서 장사를 해서 얻은 수익의 일정 정도를 일당으로 주는 구조 였다. 노점의 하청이랄까. 파는 물건도 여러 가지여서 시흥 사거리에는 중국인을 대상으로 땅콩과 곶감을 가져왔지만 동네마다 품목이 다르다고 했다. 당연히 일당 5만 원은 보장되지 않았다. 그래도 이 언니는 달리 마땅한 일이 없어 3일째 그냥 따라 나온다고 했다.

겨울 햇살을 받으며 꼬박꼬박 졸던 이 언니는 마수걸이도 못 했는데 내게 자리를 잠깐 봐달라고 하더니 어디론가 사라졌다. 한 시간쯤 지났을 무렵 커피 전문점에서 파는 아메리카노 두 잔을 들고 와 내게 하나를 건넨다. 나는 그 커피가 눈물 나게 반가우면서도 한편으로는 '이 언니, 돈 벌긴 틀렸네….'라는 생각을 한다. 오후 5시가 되니 차량이 와서 좌판을 거두어 가려고 한다. 내가 본 바로는 땅콩 세 개, 곶감 하나를 팔았다. 나는 2000원짜리 땅콩을 하나 샀다. 나도 돈 벌기는 틀렸지. 그래도 기다림에 대한 그 언니의 무덤이 조금 부러웠다.

기다림의 구원

노점을 하면서 외로움과 기다림은 단속과 추위보다 더 견디기 힘들었다. 그런데 말이다. 정말 혼자임에 온몸이 전율할 때 그 전에는 이해하지 못하던 것들을 이해하게 된다. 내가 견뎌야 하는 시간의 무게만큼 다른 사람들의 삶의 무게도 조금은 느끼게 되는 것이다.

왜 큰 사거리 건너 멀리멀리 있는 분식점에서 나를 구청에 신고하는지, 내 옆 골목에서 잡곡을 파는 노점 할아버지는 내게 단속만 나오면 불안한 얼굴로 구경을 나오는지. 이전에는 친했던 우리 지역의 노점상 언니가 왜 이제는 나를 반가워하지 않는지, 무엇이든 도와줄 것 같던 사람들이 왜 더는 연락하지 않는지.

예전에는 보이지 않던 것들이 보이고, 이해되지 않던 것들이 이해될 것 같았다. 노점의 일만이 아니었다. 선악이나 잘잘못의 문제가 아니었음에도 꼬여 왔던 사람들과의 관계, 조직과 개인 사이에 벌어진 폭력, 혼자이지 않기 위해 다가왔음에도 내가 떠난 사람들….

전기가 들어오지 않는 마차, 바람 부는 밤, 충전한 작은 배터리에 연결한 작고 희미한 등과 잉어빵을 데우기 위해 켜둔 약한 가스 불에 의지하는 시간. 내가 미워했던 혹은 이해할 수 없다고 단언했던 것에 대해 오래오래 생각했다.

인생은
예측 불허

노점의 성공이 노점의 위협이 되는 역설

시흥 사거리에서 잉어빵 노점을 시작한 지 20일쯤. 단속은 계속 있었지만 메뚜기 생활도 조금 익숙해질 무렵의 오후. 잉어빵은 오후 4시부터 6시 사이에 제일 많이 팔린다. 오전 11시쯤 마차를 펴고 장사 준비를 마친 후 일단 잉어빵 한 판을 굽는다. 그러면 점심을 못 먹고 시장에 가는 사람이 마수걸이를 해주기 십상이다. 그래 봐야 한 시간에 잉어빵 열 개 팔기가 쉽지 않아서 오후 3시까지는 햇볕을 쬐며 노는 시간이 대부분이다.

그러나 3시가 넘어가면 상황이 달라진다. 〈신데렐라〉에서 호박이 멋진 마차로 변신하는 것처럼, 〈센과 치히로의 행방불명〉에서 대목욕탕에 불이 들어오는 것처럼, 연예인 한 명이 내 마차에 앉아 있는 것처럼, 잉어빵 마차의 존재감은 불쑥 커지고 사람들은 내 쪽으로 끌려 들어오는 것이었다.

잉어빵을 시작한 지 한 달이 되어 가고, 계속되는 단속에 주변의 시선도 꽤 받았으며, 잉어빵도 팥을 듬뿍 넣어 잘 구워 내기도 하니 당연할 것일 수도 있고, 죽으란 법은 없는 것일 수도 있다. 그렇게 오후 4시부터 6시까지 정신없이 잉어빵을 구워 낸다. 하루의 장사는 이때 다 하는 셈이다. 그러다가 6시가 되면 언제 그랬냐는 듯 사람들의 발길이 거짓말처럼 뚝 끊어진다.

이날도 오후 3시가 지나 슬슬 잉어빵을 굽고 있는데, 갑자기 지나가는 사람들이 모두 뭔가를 들고 있었다. 뭔가를 먹고 있었다. 무슨 일인지 확인해 보니 내가 있는 곳 옆 건물 1층에 '동빵'이 들어섰다. 개점 인사라며 무료 시식 행사를 하고 있었고, 동빵 가게 앞에는 사람들이 줄지어 빵을 받고 있었다. 낮인데도 동빵의 불빛은 밝디밝았다.

그 순간, 나와 내 마차는 흙빛이 되었다. 내 마차는 존재하지 않는 것처럼 투명해지고 있었고, 지나가는 모든 사람들이 동빵을 들고 "너는 끝났어! 캬하하하!"라고 말하는 것 같았다.

오늘 반죽 네 개를 팔고, 내일은 다섯 개를 주문해 볼까 하던 궁리는 오늘 남은 반죽을 어떻게 해야 하나로 바뀌었다. 민원이 없으면 다음 주쯤 오뎅도 올려 볼까 했던 계획은 더 힘겨워질 단속에 대한 고민으로 바뀌었다. 단속이 있더라도 버티고 버텨 사부작사부작 잉어빵을 팔면 인건비는 나오겠다던 희망이 피시식 꺼져 버렸다. 내 마차의 불은 꺼졌다.

동빵과 짼장째거

동빵은 '똥빵'이라고들 부른다. 빵이 똥 모양으로 생겨서 붙은 이름이다. 프랜차이즈 매장인 동빵은 태국식 자재 유통을 하던 동빵 대표가 한국의 붕어빵을 습기 많은 태국에 맞게 변형하면서 반죽을 개발한 것이다.

동빵 초기에 노점에서 안테나 매장(홍보를 위한 초기 샘플 매장)을 열기도 했지만 동빵은 상가 매장 상품이다. 안정적으로 전기를 사용해야 하므로 전기를 쓰지 못하는 대다수 노점에는 적합하지 않기 때문이다.

꽤 높은 가맹비와 함께 반죽뿐만 아니라 빵틀과 반죽

붓는 주전자까지 본사에서 구매해야 하는 데다가 높은 임대료에 인건비까지 드는 상가 매장이므로 빠른 속도로 확산되지는 않았지만 꾸준히 늘고 있었다. 이는 상가 매장에서 장사할 만큼 수입이 된다는 뜻이기도 했다. 그런데 동빵이 노점 쪽으로 나서기 시작했다. 매장 창업주를 찾는 것보다 기존 노점에 기계와 반죽을 대는 것이 훨씬 수월하기 때문이리라.

홍대에는 저렴한 가격에 두툼한 패티가 들어간 햄버거로 유명한 젠장버거가 있었다. 언뜻 보면 노점인 것 같지만 노점은 아니었다. 거리 쪽으로 나온 약간의 공간에서 세를 내고 장사하는 곳이었다. 임대료가 400만 원이 넘는다고 했다.

홍대의 젠장버거는 직영점이고 다른 상가 매장은 별로 없었지만 젠장버거를 파는 곳은 대부분 노점이었다. 매장이 없는 이유는 간단했다. 다른 매장에서 홍대만큼 팔리면 타산이 나오지만 그렇게 안 되니까 늘리지 못한 것이다. 젠장버거는 노점에 고기 패티와 소스를 공급하는데 노점에서 팔아도 이문이 크지 않았다. 그래서 노점은 젠장버거뿐만 아니라 이것저것 함께 팔았다.

아딸이나 죠스, 국대떡볶이는 품목의 특성상 원가가 높고 노동력이 많이 필요한 데다가 임대료에 인건비까지 들어가야 한다. 대로변 매장을 공격적으로 늘려 왔던 ○○ 떡볶이 등은 임대료 부담이 더 크기 마련이다. 그런데도 우후죽순 떡볶이 프랜차이즈가 늘어난 것은 다른 프랜차이즈에 비해 상대적으로 창업 비용이 적기 때문이라고 한다. 결국 브랜드 간 맛의 차이나 인기와는 별도로 창업주가 살아남으려면 매장의 입지가 좋아야 하며 주변과의 경쟁에서 이겨야 한다.

나 같은 신규 노점에 단속이 가장 힘겨운 일이라면, 기존 노점에 가장 위협적인 대상은 길거리 음식을 프랜차이즈화한 가게다. 죠스, 아딸, 국대떡볶이 등의 등장은 경기 침체와 더불어 노점을 포기하게 만드는 가장 위협적인 존재였다. 사람들은 이제 길에서 먹었던 떡볶이나 오뎅, 닭강정이나 잉어빵을, 깨끗한 가게에서 젊은 청년들이 내주는 좀 더 고급스러운 음식으로 먹을 수 있다.

이렇듯 상품이 될 만한 메뉴를 개발해도 젠장버거처럼 매장에 들어가는 데 한계가 있는 품목이 있고, 동빵처럼 노점이나 매장 모두에서 가능한 품목이 있으며, 떡볶이 프랜차이즈처럼 길거리 음식을 브랜드화한 것도 있다.

그리고 여전히 노점이 있다

젠장버거 대표의 입장에서 노점은 중요한 유통망이고, 동빵이나 떡볶이 가맹점의 경우 유사 품목의 노점은 없어지면 좋을 존재일 것이다. 무엇보다 노점은 '민원'이라는, 노점을 없애기 위한 구체적인 행위가 가능한 경쟁 대상이다. 상황이 이렇다 보니 길거리 음식 프랜차이즈 가맹점이 들어서면 주변의 노점은 민원으로 말미암은 단속에 시달리기 일쑤다.

노점을 하는 사람들은 누구나 돈을 벌어 안정적인 자신의 가게를 차리는 것이 꿈이다. 아무리 노점이 월세나 세금을 내지 않는다고 해도, 노점상들은 세금을 내며 불법이라는 딱지 없이 장사하기를 바라고, 월세를 내더라도 길거리에서의 노동과 고통에서 벗어나고 싶어 한다.

노점에서 시작해 성공했다는 떡볶이 프랜차이즈 창업주의 이야기를 들으며 더 많은 노점이 그렇게 성공하기를 바라기도 했다. 그러나 노점에서 성공한 가게가 노점의 생계를 위협하는 얄궂은 현실을 보면서는 노점으로 생존하기란 참 어렵다는 생각이 든다.

전철 급제

한가한 소리를 하고 있을 때가 아니지만, 별다른 수가 없었다. 나는 잉어빵 굽기를 중단했다. 동빵의 무료 시식이 밤까지 이어진다면 마차를 일찍 접는 게 나을 수도 있었다.

그렇게 동빵을 들고 가는 사람들을 구경하며 얼마간 시간이 지났을 즈음, 한 아저씨가 마차로 오더니 잉어빵을 4000원어치 달라고 했다. 응? 내 마차를 이용하는 사람들은 대부분 잉어빵을 1000원어치만 샀다. 시장 안에서 네 개 1000원에 파는 아주머니가 있었기 때문에 학생 네 명이 오면 1000원에 네 개도 줬다. 아주아주 간혹 2000원어치를 사는 사람이 있는 정도였으므로 3000원어치를 사는 사람에게는 '하느님!' 하고 싶을 정도였다. 그런데 무려 4000원어치라니!

세 번이나 되묻고 나서야 나는 잉어빵을 싸기 시작했고, 싸면서 아저씨에게 슬쩍 얘기를 걸었다.

"옆에 동빵 가게 개업했다고 공짜로 나눠 주던데요….”

아저씨가 무뚝뚝하게 대답했다.

"나는 잉어빵을 먹으려는 거거든.”

좌절 금지. 동빵 먹을 사람은 동빵 먹고, 잉어빵 먹을
사람은 잉어빵 먹는다.

노점상의
3대 거짓말
단속을 피해 살아남기

노점의 자리 잡기

노점상의 3대 거짓말. 어떤 노점상이 오늘 장사 쉬고 놀았다고 하면 그건 80% 거짓말이다. 어떤 노점상이 노점 해서 옛날에 돈 엄청 벌었다고 하면 그건 90% 거짓말이다. 어떤 노점상이 우리 지역에 노점 할 자리가 있으니 와서 장사해도 된다고 하면 그건 100% 거짓말이다.

노점을 하는 데 가장 중요한 것이 있다면 노점의 위치다. 두 번째도 세 번째도 중요한 건 위치다. 보통 사람들에게는 거기가 거기 같겠지만 노점은 1미터만 달라져도 장사의 판세가 달라진다고들 한다.

나는 시흥 사거리에서 2미터 간격 안의 세 곳에서 장

사를 했다. 사거리 횡단보도와 횡단보도 사이의 각진 모퉁이에 차도를 뒤로하고 인도 쪽을 바라보는 곳. 단속이 나올 때 피하는 공사장 입구 쪽은, 차도와 한쪽 횡단보도를 정면으로 바라보는 곳. 마지막으로 공사장 입구를 살짝 피해 공사장 펜스에 등을 대고 차도 쪽을 바라보는 곳. 비슷비슷한 것 같지만 조금씩 분위기가 다르다.

첫 번째 장소는 시장으로 들어가는 사람들의 시선이 많이 닿는 곳이라 시장에 가는 사람이 잉어빵을 사고, 두 번째 장소는 횡단보도 정면이라 횡단보도를 건너오는 사람들이 손님이고, 세 번째 장소는 시장에서 나와 옆쪽 횡단보도를 이용하려는 사람이 제일 많다. 그만큼 노점상에게 자리는 90% 정도의 의미를 갖는다고 해도 과언이 아니다.

노점에 위치 다음으로 중요한 것이 있다면 품목이다. 요컨대, 어떤 장사를 할 수 있는 곳이냐이다. 주변에 학교가 있는지, 역 주변인지, 주택가인지, 회사 밀집 지역인지 등에 따라 품목이 달라질 것 같지만 사실 현장에서 더 중요한 것은 이미 있는 노점상 및 주변 상가와 겹치지 않는 품목을 찾는 것이며, 이것이 더 어렵다.

거리를 보면 비어 있는 것 같아도 장사가 될 만한 곳은 이미 노점이 모두 자리 잡고 있다고 보면 된다. 장사가 잘 될 곳 같은데도 노점이 없다면, 그곳은 노점이 있다가 노점 절대 금지 구역으로 단속되었을 곳일 가능성이 매우 크다.

여기에 신규 노점은 무조건 단속 대상이 되므로 누군가 우리 지역에서 노점을 하라는 것은 지역에서 함께 싸워준다는 의미와 같다. 어느 노점상이 좋아라 하겠는가. 신규 노점이면 단속도 심할 테니 같이 싸워야 하고, 그 장소가 노점상이 모여 있는 곳이라면 원래 있던 노점에도 여파가 있을 테고, 품목 여하에 따라 경쟁도 될 수 있는데 말이다.

나는 처음에는 노점에서 알바를 할 생각이었다. 여러 지역의 노점상들이 모인 자리에서 알바가 필요한 분이 없냐고 물었더니 그냥 나더러 노점을 해보라는 이야기가 나왔다. 하지만 정작 아무도 여기서 하면 된다고 말하지 않자, 금천 지역장님이 금천에서 해보겠냐고 해서 들어온 곳이 시흥 사거리였다. 첫날부터 단속이 심했지만 내심 한 달이면 끝나겠지 싶었다.

금천은 지자체에서 좀 특이하게 노점을 관리하고 있었다. 2009년엔가 일정 기간 노점을 한 노점상들을 대상으로 마차를 가판대 형태의 박스로 바꾸게 하고 구청이 준허가

형태로 전기 공급을 허가한 것이다. 새로 맞춘 박스의 특징은 지붕이 내려온다는 것인데, 장사할 때는 지붕이 올라가서 박스 안으로 사람이 들어가 장사를 하고, 장사를 안 할 때는 엘리베이터처럼 지붕을 내려 상가의 간판이 보이도록 만들었다.

내 생각은 이랬다.

'단속이 좀 있더라도 버티면 가을쯤 나도 준허가 마차로 바꿀 수 있지 않을까? 그렇게 안정만 되면 주변 활동가들이랑 공동으로 장사하는 노점으로 만들어야지!'

생각은 기특했지만 단속은 계속되었다. 이렇게 단속이 심하니 장사가 안 되는 곳은 아니야, 단속만 끝나면 떡볶이를 해볼까 닭 꼬치를 해볼까 하는 궁리 정도만이 위안 아닌 위안이었다.

예전에 노숙인 단체에서 활동하던 사람이 노점을 시작했었다. 처음에 자리를 잡기 위해 추운 겨울이었는데도 며칠 동안 마차와 몸을 쇠사슬로 연결하고 노숙을 했다. 그때 그 사람의 부리부리한 눈이 새파랗게 보이는 게 지금 생각하니 마차를 지키겠다는 결기 때문이었는지도 모른다. 내가 노점을 하고 단속을 받고 나서야 그때 생각이 다시 났다.

그랬었지, 그랬었구나.

구로역과 애경백화점 통로에서 핸드폰 케이스를 파는 구로 지역장님은 매일 오전 내가 장사하는 곳으로 와서 본인이 장사하러 갈 때까지 함께 있어 줬다. 이때 들었던 구로 지역장님의 노점 자리 확보사는 그야말로 처절했다. 육교처럼 되어 있는 통로에 자리가 있기 때문에 한쪽 벽에 좁고 긴 패널을 대고 장사를 하는데, 그 자리를 지키느라 1년 반을 그 좁은 공간에서 잤다고 했다. 1년 반이었단다. 아무도 도와주는 사람 없이 혼자 싸운 시간이. 547일, 1만 3000여 시간이다. 노점상들은 그렇게 버티고 싸워서 자리를 잡고 노점을 하고 있었다. 그들의 과거가 나의 현재였다.

단속 피하기

처음에는 단속이 나오면 사유지로 도망갔다가 단속반이 돌아가면 다시 돌아왔다. 잽싸게 피하면 싸움 없이 넘어갈 수 있었지만, 마차의 고정을 풀고 옮기고 다시 고정하는 데 시간과 힘이 너무 많이 들었다.

그러던 중 지역장님이 새 마차를 하나 구해 주었다. 액세서리를 팔던 마차인데 모양도 예쁘고 색깔도 예뻤다. 재료상에서 빌린 마차를 반납하고 처음으로 내 마차가 생긴 것이다(이게 뭐라고 가슴이 두근거리기까지 했다).

그런데 문제가 생겼다. 새 마차가 디자인을 고려해서인지 잘 굴러가지 않는다는 것이었다. 게다가 이전의 마차보다 훨씬 무거웠다. 상황이 이렇다 보니 하루에 일곱 번씩 메뚜기를 하는 일은 불가능했고, 이때부터 나는 단속이 와도 피하지 않고 버텼다.

내게 '아줌마'라는 호칭을 과도하게 마구 날리며, 간간히 "아, 아줌마 아니라고 했죠."를 덧붙이는 알미운 공무원이 계고장을 들고 나타났다. 계고장을 그냥 주고 가도 되는데, 사진을 찍어야 한다며 천막에 붙였다. 살짝 위만 붙여도 될 것을 스티커로 되어 있는 계고장을, 창의 역할을 하는 천막의 투명한 비닐 부분에 철썩 붙였다.

노점 단속이 있을 때 구청은 계고장으로 선전포고를 한다. '언제까지 치워라. 아니면 강제 철거 한다'가 요지다. 대개 일주일쯤 시간을 준다. 그러면 노점 쪽은 집회를 하거나 구청과 면담을 하는 등 그 시간을 이용해 대책을 마련한다.

내가 계고장을 받은 날은 2월 27일. 계고장에 적힌 기한도 27일까지. 볼 것 없이 바로 치우라는 소리다. 법으로 정해진 것이 없으니 기한을 정하는 건 담당 공무원 마음이다. 나는 잘 떨어지지 않는 스티커 계고장을 긁어내며 구시렁거리지 않을 수 없었다.

단속은 동빵이 들어오고 나서 더욱 심해졌다. 동빵의 충격을 억지로 무시하는 일도 쉽지 않았는데, 계고장을 붙이고 간 구청에서 다음 날 아침 일찍 나와 내가 마차를 옮겼는지를 확인하고 사진을 찍는다고 했다. 마차를 아예 안 보이는 곳으로 옮겨야 했다. 옆 골목 안의 음식점 앞 주차장에 하룻밤 두기로 했지만, 마차 지붕 폭만 한 굽이진 골목에 혼자 마차를 끌고 들어가는 건 불가능했다. 누군가의 도움이 필요했다. 혼자 모든 것을 해결해야 한다는 걸 깨달았을 때보다, 혼자서는 불가능한 일이 있다는 걸 깨달았을 때의 그 암담함이라니.

구청이 자체 단속이 아니라 민원이 들어와 단속하는 것이라면 무언가 했다는 증거를 남겨야 한다. 처음에는 계고장을 주기만 하고 붙이지는 않는다. 또 민원이 들어오면 계고장을 마차에 붙이고 사진을 찍고 간다. 또다시 민원이 들어오면 그곳에 마차가 없다는 증거 사진을 찍어야 한다.

구청이 나오면 피하는 이유도 이 때문이다. 마차를 실어 가려는 의도라면 끝까지 싸워야 하지만, 민원 때문이면 피했다가 나오는 게 상책이다.

마차 찾아오기

나름 단속에 협조(?)하며 마차를 옮기는 등 노력을 했건만 결국 구청에서 마차를 가져갔다. 얄밉게도 2월 29일에 가져가고 3월 2일엔 출장을 가버린 공무원. 삼일절과 주말을 내내 쉬고 3월 5일이 되어서야 공무원을 만날 수 있었다.

일단 지역의 노점상 여럿이 구청의 담당 부서 사무실로 시끌벅적하게 들어갔다. '마차를 왜 가져갔냐. 당장 안 돌려주면 우리는 여기서 농성하겠다!'는 기세로 눈을 부릅뜨고 서로 앞다투어 한마디씩 한다. 그러고 나면 지역장님과 담당 공무원이 차분하게 이야기를 시작한다.

담당 공무원은 마차를 들여놓던 날에는 신규라 절대 안 된다더니, 이제는 시흥 사거리, 내가 있는 장소는 죽어도 안 된다는 게 단속 이유라고 말했다. 그곳은 안 된다는 얘기를 어찌나 강조하는지, 서기만 아니면 어디서 노점을 하든 인정해 줄 기세였다.

지역장님의 귀띔으로는 내가 마차를 둔 곳이 구청장이 마을버스를 타고 출근하는 길목이란다. 마을버스를 타고 출근하는 구청장이 마차를 보고 뭐라 하지는 않았을 것 같고, 담당 공무원의 과장된 배려이리라.

한바탕의 소동과 담당 공무원과의 면담 비슷한 것이 끝나면 대략 협상이 끝난 것이다. 나는 처음 빼앗긴 거라 그날 바로 찾기로 이야기가 되었다. 공무원이 과태료를 부과하기 위해 인적 사항을 적으라고 했다. 과태료를 부과하고 납부 영수증을 내야 마차를 돌려주기 때문이다.

나는 마포구에 살고 있었다. 공무원이 인적 사항을 보더니 싸늘하게 한마디 한다. 주민도 아니면서 왜 여기서 먹고살려고 하냐고. 내게는 '왜 여기서 빌어먹냐'는 이야기로 들렸다. 나는 부르르 떨며 '금천으로 이사 올 거라 여기서 한다.'고 듣지도 않는 소리를 던져 놓고는 속으로 생각했다. 구청 공무원 중에 금천에 살지 않는 사람만 있어 봐라! 이쯤 되면 나도 치졸하다.

그런데 과태료 금액은 공무원이 정한다. 원래 마차 크기에 따라 법으로 정해진 액수가 있지만 마차 크기를 정하는 건 공무원 마음이니까. 내 마차야 크기가 제일 작으므로 문제될 것이 없지만, 떡볶이 마차 정도 되면 과태료가 30만 원쯤 나온다.

상황이 이러하니 마차를 뺏기고 구청으로 쫓아온 노점상은 공무원에게 화를 내다가도 과태료를 깎기 위해 아쉬운 소리를 할 수밖에 없다. 내 마차 크기로는 가장 낮은 금액이 나올 게 뻔하다. 이런 상황에 익숙한 노점상 한 분이 말랑말랑해진 목소리로 나 대신 구청 공무원에게 말한다.

"먹고살기도 힘든데, 과태료 좀 싸게 매겨 주세요."

나는 얼굴이 확 붉어졌다. 이런 일에 창피해하다니, 나는 노점상이 되려면 아직 멀었다.

구청에서 과태료 용지를 받아 은행에 과태료를 내고 영수증을 들고 견인차 보관소로 갔다. 금천은 가산동의 견인차 보관소 안쪽에 정비된 마차 보관소가 있었다. 용달을 부르고 마차를 싣고 시흥 사거리에서 안양 쪽으로 좀 더 내려간 홈플러스 시흥점 건너편에 도착했다. 여기에서 다시 자리를 잡을 계획이었다.

용달에서 마차를 내리고 있는데 나는 참 운도 없다. 마침! 지나가던 가로정비과 공무원이 나를 봤다. 공무원은 차에서 내려 소리를 질렀다.

"뭐 하는 짓이야!"

공무원은 단속반을 부르고, 나는 지역장님을 부르고 서로를 기다리고 있는데 공무원이 큰소리로 내뱉는다.

"있는 거 가지고 먹고살지, 뭐 하는 짓이야!"

이 말에 발끈한 사람은 바로 용달 아저씨. 갑자기 큰소리로, "있는 놈들이 자기 입장에서만 얘기하지 어려운 사람에 대해 뭘 알아! 있는 거 가지고 먹고살 수 있으면 누가 노점을 해! 있는 거 가지고 먹고살아? 있는 거? 있는 거어?"

용달 아저씨의 부르짖는 듯한 목소리가 화면이 점점 느려지는 것처럼 처어언천히 울려 퍼졌다. 나는 그 자리에서 내 처지보다 아저씨의 말이 서러워 눈물이 날 것 같았다. 결국 구청 공무원들과 노점 분들이 도착하면서 몸싸움까지 벌어졌다. 용달비 달라는 얘기도 못 하고 옆에서 큰소리로 거들던 용달 아저씨. 싸움이 대충 정리되고 내가 5만 원짜리를 드리며(용달비는 4만 원이었다) 더 드려야 하는데 더 못 드려 죄송하다고 했더니, 용달 아저씨는 당신도 과일 노점을 했었다며 거스름돈 만 원을 내 주머니에 넣고 힘내라고 하면서 돌아섰다.

공무원과 노점상

담당 공무원과 수시로 부딪히며 싸우거나 애원해야 하는 노점상. 노점 단속 공무원도 괴롭기는 매한가지일 것이다. 오죽하면 공무원노조가 생겼을 때, 집회에 전노련 깃발과 공무원노조 깃발이 나란히 있는 것을 보며 눈물을 흘린 노점상이 있었을까.

대학교 1학년 때 "노태우 정권 타도하자!"를 외치며 가두 투쟁을 벌이는 일이 익숙해졌을 즈음, 동아리연합회 회장 언니와 단둘이 골목 사이로 도망치다가 전경과 사수대가 대치하고 있는 길의 중간으로 나오게 된 적이 있다.

해 질 무렵 석양과 사수대의 빨간 머리띠와 그들이 던지는 불붙은 빨간 화염병이 빙글빙글 타원을 그리며 전경 쪽으로 떨어지는 광경을 지켜봤다. 화염병을 직선으로 던지지 않았던 건 격렬한 싸움이 아니므로 전경이 그 이상 전진하지 못하게 막기 위해서였던 것 같았다. 나는 선배에게 물었다. 노태우 타도면 노태우랑 싸워야지, 왜 전경이랑 싸우냐고.

그때 그 선배가 내게 '비非적대적 모순'에 대해 설명해 주었다. 물론 나는 그 의미를 이해하지 못했다. 학년이 올라가면서 세미나에서 '비적대적 모순'이 나왔을 때, 잠시 1학년 때의 그 장면을 떠올렸던 것 같기도 하다. 그 이후로 학생회와 학생과, 시위대와 정보과, 그리고 지금은 노점상과 공무원의 관계를 거치면서, 비적대적 모순임에도 느끼게 되는 일종의 적대감은 매번 모습을 드러냈다.

공무원을 미워할 문제가 아니라는 건 누구보다 머리로 잘 알고 있지만, 눈앞에서 내 마차를 빼앗아 가려는데 어느 누가 눈에서 불똥이 튀지 않겠는가 말이다. 멱살이라도 잡고 흔들고 싶은데 애원해야 하는 상황이라도 벌어지면 차라리 몸에 상처가 나는 게 덜 아프겠다는 생각이 드는데 말이다.

어디서부터 문제를 풀어야 할지 모를 때 우리는 쉬운 방법으로, 사람을 미워하고 사람과 싸운다. 나는 그 공무원이 미웠다. 사람을 미워하는 일처럼 힘든 일이 없지만 누구 탓이라도 하지 않으면 더 힘들 것 같아서 '두고 봐라, 내가 공무원 아저씨보다 오래 살아남고 말 테다.' 하며 곱씹게 되는 것이다.

떡볶이 장사를
시작하다
내가 한 음식을 가장 많이 먹는 사람은 바로 나

노점 하는 분들은 품목 중에서 가장 힘든 게 "떡볶이!"라고 입을 모아 이야기한다. 노점의 대표 상품이자 가장 많은 노점이 팔고 있는 떡볶이를 왜 힘들다고 하는지 나는 잘 이해하지 못했다. 4월 초, 날씨가 따뜻해져 더는 잉어빵을 팔 수 없을 때, 나는 떡볶이를 하기로 결심했다. 전기가 들어오지 않는 상태에서 딱히 다른 적당한 품목을 찾을 수 없기도 했고, 남들도 다 하는데 나라고 못 하랴 하는 생각도 있었다.

　떡볶이라 함은 떡볶이, 튀김, 순대, 오뎅을 함께 파는 걸 말한다. 너무나 당연하게도 떡볶이는 튀김과 함께 먹어야 하고 오뎅이 빠지면 안 되기 때문이다. 순대와 핫도그, 꼬마 김밥은 여기에 자연스럽게 따라가는 품목이었다. 나는 떡볶이, 튀김, 오뎅, 순대, 핫도그(핫바, 소시지), 꼬마 김밥을 팔기로 했다.

준비하기

마차 원래 쓰던 마차가 4구이므로 바람막이만 새로 사기로 했다. 4구는 마차에 불을 피울 수 있는 구멍이 네 개라는 것이고, 여기에 각각 왼쪽부터 오뎅 통, 떡볶이 판, 튀김통, 순대 통을 얹는 것이다. 바람막이로는 그 불구멍 가장자리를 돌려서 가려 주는데 바람도 막고, 가스 불이 밖으로 빠져나오지 않도록 막는 역할을 한다.

구매 물품 우선 영등포시장에 가서 필요한 물품을 구입한다. 바람막이 세 개, 버너 네 개, 튀김 냄비, 순대 삶을 대야, 순대 올릴 쟁반, 오뎅 통과 뚜껑, 설거지용 대야, 물통 네 개, 핫도그 등을 담을 접시, 국자와 떡볶이 뒤집개, 튀김 망과 집게와 가위, 도마와 칼 등. 그나마 떡볶이 판, 튀김을 담긴 쟁반들과 접시들은 지역장님 사모님이 챙겨 주었다.

재료상에서 주문할 것들 튀김 종이봉투, 까만 비닐봉지, 순대 소금 봉지, 접시를 쌀 하얀 봉지(크기별), 냅킨, 오뎅 꼬치, 나무젓가락, (긴 이쑤시개처럼 생긴) 나무 꼬챙이, 종이컵, 쌀떡, 오뎅, 순대, 순대 내장, 만두, 김말이, 새우, 오징어, 튀김 가루, 꼬마 김밥, 감자 핫도그, 녹차 핫도그, 소시지, 핫바 오뎅, 식용유 큰 것, 케첩, 머스터드소스.

집에서 준비할 것 오뎅 국물 낼 재료, 고구마, 순대 소금, 파, 떡볶이 양념, 오뎅 및 튀김에 곁들일 간장, 순대에 넣을 된 장, 소주, 월계수 잎.

장사의 비법들

음식을 만들어 파는 사람들은 저마다 비법이 있기 마련이고, 그것에 대한 고집이 대단하다. 내게 떡볶이를 가르쳐 주기 위해, 인근 지역에서 떡볶이를 가장 맛있게 만들고 인기도 있는 노점의 주인장들이 추천되었고, 그중 나는 두 분의 선생님을 모시게 되었다. 선생님들은 내가 떡볶이 장 사를 시작한 첫날과 둘째 날에 아예 본인들이 장사를 해주 었고, 그 밖에도 수많은 노점상분들이 나를 만날 때마다 자 신의 비법과 노하우를 알려 주었다.

　아, 나는 하나를 들으면 열 개가 헷갈린 상황에서 서로 다른 수십 가지 이야기를 들어야 했다. 정말 큰 문제는 그분들이 다시 왔을 때, 내가 당신이 알려 준 방식대로 하고 있지 않으면 서운해한다는 거였다.

예를 들면 (아주 사소한 것이지만) 이런 거다. 1호 선생님은 쌀떡을 넣기 전에 손으로 다 떼어 낸 후 떡볶이를 만들라 했고, 2호 선생님은 익으면 다 떨어지니까 그럴 필요가 없다고 했다. 1호 선생님은 순대를 소주랑 된장이랑 월계수 잎을 넣고 삶아서 올리라고 했고, 2호 선생님은 순대를 왜 삶아서 올리냐고, 그냥 찌면 된다고 했다. 1호 선생님은 오뎅을 꼬아서 끼우면 예쁘고 쉽게 불지 않는다고 했고, 2호 선생님은 어느 세월에 그렇게 끼우고 있냐고 했다.

오징어를 써는 방식(오징어를 어떻게 써는가에 따라 오징어 튀김이 몇 개 나오는지가 좌우된다), 튀김 가루의 선호도에서부터 튀김 반죽의 농도(튀김옷이 꽃 피는 것처럼 되도록 묽게 할 것인지, 깔끔하게 튀겨지도록 살짝 되직하게 할 것인지), 야채 튀김을 하는 방법(야채를 집게로 집어서 기름에 넣을지 손 철판을 이용할지), 떡볶이에 깻잎을 넣을지 안 넣을지, 핫도그에 칼집을 넣는 방법, 순대 소금을 만드는 방법, 흰 물엿을 쓸지 황 물엿을 쓸지, 1인분에 순대를 몇 개, 떡볶이를 몇 개

올릴 것인지, 새우튀김을 할지 말지, 하물며 튀김 집게의 길이까지 의견이 달랐다.

가장 중요한 것은 떡볶이 양념과 오뎅 국물을 내는 방법이었다. 고심 끝에 나는 '과일을 갈아 넣은' 떡볶이 양념의 비법을 선택했다.

조리법

떡볶이 양념 들통에 물을 넣고 멸치, 다시마, 양파, 대파, 북어 머리, 사과, 파인애플 등 과일을 넣고 물이 절반이 될 때까지 끓인다. 여기에 고춧가루, 청양 고춧가루, 마늘 한 근, 생강 다진 것, 설탕, 물엿, 굵은 소금을 넣고 잘 섞으면 끝. 핵심은 과일을 듬뿍 갈아 넣는 것이다. 이렇게 양념을 준비해 두고 떡볶이를 만든다. 떡볶이 판에 물과 떡과 오뎅을 넣고 소스, 약간의 고춧가루, 물엿을 넣고 끓인다. 국물이 끓고 떡이 익으면 불을 줄여 파를 듬뿍 넣는다. 처음에는 오뎅 국물이 아직 만들어지지 않았기 때문에 물을 넣지만 이후부터는 오뎅 국물을 넣어 간을 맞춘다.

오뎅 국물 무 반 개, 양파 한 개, 생강 두 개, 멸치 두 주먹,

파뿌리, 마늘 한 움큼, 새우, 다시마, 국산 고추씨. 이렇게 넣고 우린 국물에 다시다 대신 약간의 혼다시(복합 조미료)와 굵은 소금으로 간을 하면 오뎅 국물 완성. 여기에 나름 비법이라면 파뿌리를 넣어야 깊고 시원한 맛이 나고, 국산 고추씨를 써야 깔끔하게 칼칼하다.

순대 내장을 삶을 물에 소주와 월계수 잎, 그리고 된장을 약간 넣으면 냄새가 사라진다. 순대 소금은 소금에 고춧가루와 빻은 깨소금을 섞어서 만든다. 처음 재료상에서 순대 내장을 받았을 때의 황당함이란. 간, 염통, 허파와 그것들이 연결된 내장 한 덩어리와 오소리감투가 들어 있었다. 내장이 통으로 들어 있었던 것이다. 간과 허파와 염통을 분리하고 나면 그것들을 연결한 관이 남는다. 처음 얼마 동안은 못 먹는 것인 줄 알고 버렸더랬다(당연히 먹는 것이었고, 그 부위가 오도독하다고 일부러 찾는 손님도 있었다).

내가 만든 떡볶이와 오뎅과 순대는… 맛있었다! 오뎅 국물은 국산 고춧가루를 써서 칼칼하니 어린아이들에게는 먹이지 말라고 미리 얘기해 줘야 할 정도였는데, 국물이 맛있다고 매일 들러 오뎅만 찾는 손님도 있었다. 순대도 맛있는데, 집에서 통깨를 갈아서 만든 순대 소금에 찍어 먹으면 더욱 고소하다. 순대를 삶고 나면 나는 도마에 순대와 내장을 조금씩 썰어 놓고 도마 끝에 소금을 올려 찍어 먹곤 했다. 내가 한 음식을 가장 많이 먹는 사람은 바로 나였다. 떡볶이를 먹을 때는 먼저 떡과 오뎅을 먹고, 그다음에 꼬마 김밥을 찍어 먹고, 튀김 만두를 반으로 잘라서 남은 떡볶이 국물에 듬뿍 적셔 먹으면 맛있다.

튀김을 하는 시간에는 그 냄새에 끌려 손님이 오는 경우가 많다. 특히 오징어를 튀길 때 그렇다. 오징어 튀김은 다른 튀김보다 시간이 많이 걸린다. 튀김이 휘어지지 않고 곧게 튀겨지도록 일일이 집게로 반대편 끝 쪽을 잡아 줘야 하기 때문이다. 유난히 큼지막하게 튀겨 냈던 오징어 튀김이 수북이 쌓이면 친구라도 불러 시원한 맥주 한잔 곁들여 내놓고 싶을 지경이다.

아직 아침저녁으로 쌀쌀한 4월 초. 장사를 시작할 때 삶은 달걀을 두어 개 까서 오뎅 통에 넣어 둔다. 장사를 마칠 즈음 달걀을 꺼내면, 열 시간 넘게 오뎅 국물을 빨아들여 쫀쫀한 갈색이 되어 있다. 이 맛이 정말 일품이다.

장사를 마치기 전, 앞 건물의 경비 아저씨를 불러 순대 삶을 때 쓰는 소주 됫병을 기울여 한 잔 따라 드리며 달걀을 안주로 내놓으면 소주 한잔, 오뎅 육수, 달걀 한 입에 아저씨는 정말 행복한 얼굴을 했다. 아저씨도 웃고 나도 웃었다.

먹고사는 일

나는 누군가 내가 만든 음식을 먹고 기뻐했으면 좋겠다. 그것이 설령 내가 먹고살기 위한 노점 음식일지라도 누군가의 허기를 채우고, 어느 사무실의 간식이 되고, 어느 집의 저녁 술안주가 되어 잔잔한 즐거움이 되었으면 좋겠다. 욕심을 한껏 부려 언젠가 내 마차 앞을 지나가며 "쓥!" 하고 침 한 번 삼키거나 입가에 미소 한 번 띠게 하는 음식이었으면 좋겠다. '먹고사는 일'이 중요한 만큼 그 먹고사는 일을 '함께하고 기쁘게 했으면' 좋겠다. 말과 행동으로는 못 다 할 감사와 애정과 격려와 위로와 결의를 대신하는 것이 함께하는 밥상이라고 나는 믿고 있다.

그래서 나는 노점을 하면서도 사람들을 위한 밥상을 차렸다. 나를 믿고 함께해 준 사람들에 대한 감사의 인사를,

지금은 내가 할 수 있는 일이 없어도 늘 기억하고 함께할 날을 벼르고 있다는 다짐을, 여전히 열심히 뛰고 있는 이들에 대한 응원의 마음을 나는 그때도 지금도 밥상에 담는다. 그 일이 기쁘다.

그러나 나의 음식들은 법적으로는 식품위생법 위반이었다. 식품위생법에 따르면 음식을 제조하고 판매하려면 영업허가를 받아야 하는데, 영업허가 없이 음식을 만들어 판매하는 것이기 때문이다. 나는 2012년 4월 6일, 도로법 위반인 노점에서 식품위생법 위반인 떡볶이 장사를 시작했다. 시흥동 홈플러스 횡단보도 건너편 디자인 거리에서.

노점상의
하루
아침 기상부터 밤 정리까지

마차 펴기

기상을… 해야 한다. 눈을 뜨면 손이 먼저 인사를 한다. 퉁퉁 부은 손을 주무르며 하루 일과를 시작한다. 일어나서 씻고 나면 튀김할 달걀을 먼저 삶는다. 마차에서 순대 삶는 물에 달걀을 삶는 노점상도 있지만 나 같은 초짜 노점상은 그럴 마음의 여유가 없다. 달걀이 삶아지는 동안 무와 멸치, 다시마 등 오뎅 국물을 낼 재료들을 다시 망에 넣어 챙긴다.

튀김용으로 손질해 둔 오징어를 냉동실에서 꺼내고, 고구마는 씻고, 떡볶이에 들어갈 파도 챙기고, 깨끗이 씻어 둔 오뎅 꼬치도 챙겨야지. 야채 튀김에 쓸 양파와 깻잎과 당근도 챙기고, 아이스박스에 넣을 얼음물과 함께 모든 준비물을 가방에 넣는다. 미리 충천해 둔, 전등을 켤 때 필요한 배터리도 잊지 말고 챙겨야 한다.

장사할 곳으로 간다. 마차에 도착하면 마차를 동여맨 검은 고무 끈을 끌러 놓고 천막을 친다. 천막의 양쪽 옆면과 뒷면을 치고 나면 전날 떠다 놓은 물통과 식용유 통 등으로 천막 아래를 고정한다. 천막을 얼마나 빳빳하게 잘 치느냐가 나름 노점상의 '위엄'이다. 중간은 주름이 지지 않도록, 장갑 낀 손으로 힘주어 밀어붙이고, 양쪽 모퉁이는 열어 두어 환기구를 만든다. 천막 아래를 고정할 때는 직각이 아닌 대각선으로 물통을 밀어 대어 천막 안 공간을 확보한다.

재료상은 전날 주문한 물품을 아침 일찍 마차 안에 넣어 두고 간다. 박스에 영수증과 함께 그날 장사할 물건이 들어 있다. 천막을 치고 나면 재료상이 가져다 놓은 재료와 집에서 가져온 재료를 아이스박스 안에 챙긴다. 마차 위에 올라가 있는 짐을 내려 정리하고 마차 위를 닦는다. 오뎅 통과 순대 삶을 통에 물을 받아 올리고, 떡볶이 판에 물과 떡과 오뎅, 양념을 올리고, 튀김 통에 기름을 붓고 가스 불을 켠다. 오뎅 통에 다시 망을 넣어 불을 켜고, 순대와 내장을 부위별로 잘라 순대 통에 넣고 불을 켠다.

나는 일주일 넘도록 무거운 물통을 마차 위로 번쩍번쩍 들어 올려 떡볶이 판에 부었다. 그걸 본 노점 선생님이 머리 좋은 줄 알았는데 왜 무식한 짓을 하냐며 웃었다. 무거운 물통을 굳이 들어 올릴 필요 없이 순대 삶을 통을 바닥에 내리고 물통을 기울여 따른 후 그 물을 여기저기 부으면 되는데 말이다. 노점에서는 모든 게 배울 것들이다. 나는 떡볶이 장사를 시작하면서, 물통을 들 수 없는 날이 노점을 끝내는 날이라고 생각했다. 노점은 물통과의 전쟁이다.

음식 준비

접시와 간장 종지, 나무 꼬챙이와 핫도그, 꼬마 김밥 등을 마차 위에 진열하고 나면 본격적인 음식 준비가 시작된다. 튀김옷을 만들 대접에 튀김 가루와 물을 넣고 반죽을 해둔다. 튀김옷을 바삭하게 만들기 위해 녹말가루를 약간 넣기도 하고 맥주를 넣기도 한다. 얼음물을 넣어도 좋다.

기름 온도가 오르면 만두부터 재빨리 튀겨 낸다. 만두는 튀김 반죽 없이 튀기기 때문에 가장 깨끗한 기름에 튀긴다. 만두를 튀길 때는 온도가 중요하다. 기름 온도가 높으면 금세 홀랑 타버리기 때문에 다른 튀김보다 좀 낮은 온도에서 튀겨야 한다. 만두를 튀길 때 어려운 점은 얘들이 잘 뒤집어지지 않고 한쪽 면만 색이 짙어진다는 것이다. 그래서 튀김 집게로 뒤적거리며 잽싸게 튀겨 꺼내 놓아야 한다.

만두가 다 튀겨지면 맛살의 개별 포장을 벗겨 반죽을 묻혀 튀겨 낸다. 내가 장사하는 곳 앞 건물 5층은 한의원이다. 이 한의원에 매일 들르는, 아주아주 연세 많은 할머니 한 분이 계신데, 늘 맛살 튀김 한 개만 드신다. 이 할머니 때문에 맛살 튀김은 안 팔려도 안 만들 수가 없다.

개인적으로 게맛살을 별로 좋아하지 않는데, 맛살이 튀김 중에서는 이문이 큰 편이다. 튀김을 1인분 살 때 꼭 집어 어떤 튀김을 달라고 얘기하지 않으면 하나씩 다 넣으면서 맛살도 넣어 파는 게 장사의 기본이다. 그런데 내가 맛살을 별로 안 좋아하니 달라고 하지 않으면 웬만해서는 안 넣게 된다. 그래도 빨그스름하니 색깔이 예뻐서라도 만들어 두는 것이 맛살 튀김이다.

그다음 삶은 달걀 껍데기를 벗겨 두 개는 오뎅 통에, 두 개는 떡볶이 판에 넣고, 나머지는 (반죽이 잘 묻도록) 밀가루나 튀김 가루를 먼저 묻히고 그다음 반죽을 묻혀 튀긴다. 김말이는 양쪽에 삐져나온 당면을 가위로 잘라 내고 튀김 반죽에 살살 굴려 반죽이 두껍게 붙지 않도록 한 뒤 튀겨 낸다. 여기까지는 일사천리로 할 수 있다. 그다음부터가 문제다.

고구마튀김을 할 고구마를 썰어야 한다. 그런데 고구마가 너무 딱딱해 썰기 힘든 건 둘째 치고, 크기를 비슷하게 맞추기가 너무 어렵다. 개인적으로 고구마튀김을 별로 좋아하지 않기 때문에 고구마튀김을 조금만 만든다. 고구마가 엄청 비싸기도 하고 말이다(2호 선생님은 고구마가 나오기 전까지 감자튀김을 하라신다. 감자튀김도 맛나다고). 고구마를 썰 때 야채 튀김에 쓸 자투리를 따로 남겨서 채를 썰어 챙겨 둔다.

그다음엔 새우튀김이다. 꼬리에 반죽이 묻으면 예쁘지 않기 때문에 껍질이 벗겨진 채로 오는 새우의 꼬리를 잡고 몸통에 튀김 가루를 묻히고 반죽을 묻혀서 하나하나 튀겨 낸다. 다음은 대망의 오징어 튀김. 이즈음에서 한 번 쉬어 줘야 한다.

집에서 가져온 오징어를 꺼낸다. 오징어가 워낙 커서

하루에 한 마리면 된다. 오징어는 짝으로 시키는데 한 짝에 냉동 오징어 20여 마리가 한 덩어리가 돼서 온다. 오징어가 오는 날은 일이 엄청 많은 날이다. 몸통의 아래쪽을 갈라 내장을 꺼낸다. 이때 몸통과 다리가 분리되는데, 다리 쪽에 붙은 몸통을 길게 남겨야 한다.

오징어 몸통에서 일일이 내장을 꺼내고, 몸통과 다리를 따로 분리한 후 씻어서 물기를 빼고 나눠 담아 냉동실에 넣는다. 이렇게 손질해 둔 오징어를 가져와서 적당한 크기로 썬다. 오징어를 어떻게 써느냐에 따라 튀김이 몇 개 나오는지가 좌우된다. 핵심은 길이가 일정해야 한다는 거다.

예를 들어, 다리가 열 개라고 튀김도 열 개가 나오는 게 아니다. 작은 오징어는 제일 작은 다리와 몸통이 연결되어야 다른 다리와 길이를 비슷하게 맞출 수 있고, 제일 긴 다리 두 개는 중간을 어슷하게 잘라 아래쪽 한 개, 몸통까지 연결해서 한 개, 이렇게 두 개를 만든다. 큰 오징어의 경우, 통통한 다리는 중간에서 절반으로 나눠 몸통까지 연결하면 두 개가 나온다.

오징어 날개 부분도 일자로 자르면 길이가 짧기 때문에 지그제그로(연결 부위는 살싹 얇게 늘어가야 일자가 된다) 잘라서 개수를 맞춰야 한다. 오징어를 손질하고 나면 빈 튀김 가루 봉지에 튀김 가루와 오징어를 넣어 튀김 가루를 묻히고 몇 개씩 반죽 통에 넣고 튀긴다. 새우나 오징어의 경우 밀가루를 묻히지 않으면 물기 때문에 기름이 튀어 화상을 입을 수 있다. 오징어는 천천히 튀겨도 된다. 오징어를 튀기는 냄새에 끌려 손님이 많이 오기 때문에 후다닥 튀길 필요가 없는 것이다.

오징어를 다 튀기면 마차를 펴고 나서 두 시간 정도가 흐른다. 이제 야채 튀김만 남았다. 물론 그사이에 순대 내장과 순대를 삶아 꺼내어 판 위에 올려놓고 떡볶이 포장 비닐 두 개를 연결해서 위로는 김이 나가고 옆으로는 새지 않도록 잘 여며 놓아야 한다. 순대는 뜨겁게 오래 가열하면 순대 피가 홀랑 벗겨지기 때문이다. 그래서 적절한 시점에 꺼내어 김이 나가도록 위를 살짝 열어 놓는다.

떡볶이도 끓으면 불을 줄여서 쌀떡에 양념이 배게 한다. 국물이 반쯤 졸았을 때 파를 썰어 넣는다. 버너가 중간에 있기 때문에 그 부분은 동그랗게 비워 두고 양념이 너무 졸지 않도록 중간중간 오뎅 국물이나 물을 부어 준다(싱거우면 오뎅 국물을, 짜면 물을 넣는다).

오뎅 국물이 끓으면 오뎅을 넣어야 한다. 오뎅은 두 번을 접어 서로 반대 방향으로 네 번 꼬아 준다. 끼워 놓은 오뎅을 오뎅 통에 넣는다. 오뎅이 들어가야 국물에서 제대로 된 맛이 난다. 오뎅을 일단 넣고 손님이 없을 때는 붇지 않도록 몇 개는 꺼내어 통 위에 걸쳐 놓는다.

장사하기

손님이 온다. 순대를 썰 때나 떡볶이를 담을 때 개수를 세는 표를 내서는 안 된다. 너무 초짜 티가 나니까. 순대는 어떤 내장을 원하는지 묻고, 튀김은 떡볶이 국물에 묻힐 건지 아닌지 묻는다. 대부분 묻혀 달라고 하는데, 그러면 튀김을 다시 튀긴 후 기름을 탁탁 털어 가위로 잘라, 떡볶이 통에서 양념 국물이 많은 부분에 넣고 비벼서 담아 준다. 포장해 가는 경우도 많았는데, 이때 내가 제일 어려웠던 것은 순대 접시의 비닐을 잘 뒤집는 것과 쭉 당기면 풀어지도록 비닐을 묶는 것이었다.

음식 중에서 가장 이문이 남지 않는 것이 순대다. 그런네 처음에 나는 순대 접시와 떡볶이 접시를 같이 썼다. 접시는 큰데 순대가 얼마 없는 것처럼 보여 순대를 더 썰어 넣게 되는 것이다. 이것을 본 노점상분이 순대용 작은 접시를 사다 주었다. 그 접시는 다른 접시보다 작아서 중간 크기 비닐을 씌워 놓으면 비닐이 너무 헐거웠다. 그래서 작은 비닐을 끼워 넣으니 또 너무 딱 맞아서, 순대를 썰어 올리고 비닐을 뒤집어서 포장할 때 순대가 자꾸 접시에서 떨어졌다. 떨어진 순대를 다시 올려놓을 수는 없고, 한 개라도 양이 줄어든 것이니 그냥 줄 수도 없고, 다시 썰자니 장갑을 다시 꺼야 하고…. 초보의 난감함이다.

갑자기 손님이 밀려들 때도 있는데, 그때는 정말 정신이 없다. 순대 톱질하랴, 속으로 떡볶이 개수를 세랴, 튀김 다시 튀기랴, 포장하랴. 떡볶이는 3분의 1가량 남으면 옆에 새로 떡을 올려야 한다. 원래 있던 떡볶이를 한쪽으로 밀고 다른 한쪽에 새 떡과 양념 물을 부어 끓이는데, 저녁 무렵이 되면 떡볶이를 쳐다보며 저걸 또 올려야 하나 말아야 하나가 가장 고민스럽다.

오뎅도 중간중간 꼬치에 끼워야 하고, 순대도 떨어지기 전에 새로 삶아야 한다. 짬짬이 순대 소금을 소금 비닐에 담고, 오뎅 간장이 떨어지지는 않았는지 체크해야 하며,

핫도그 케첩 통과 머스터드소스 통도 점검한다. 떡볶이 판 가장자리에 양념이 너무 눌어붙지 않게 긁어 주고, 튀김 기름의 찌꺼기도 걸러서 빼주고… 틈틈이 먹어 주기도 해야 한다.

다음 날 쓸 재료는 전날 저녁 6시 이전에 주문해야 한다. 그때까지 남아 있는 재료를 확인하고 다음 날 쓸 분량을 문자로 주문한다.

정리하기

일단 정리하기로 마음을 먹으면 남은 음식부터 처리해야 한다. 2층 피자집에서 배달하는 아이들을 부른다. 내 단골이기도 한데 이 녀석들이 가장 좋아하는 건, 달걀튀김을 종이컵에 넣고 떡볶이 양념을 듬뿍 부은 뒤 나무젓가락으로 으깨서 버무려 먹는 것이다.

이 친구들은 주말에는 식사 시간이 따로 없었다. 평일에는 그나마 음식을 시켜 먹는데, 주말이면 주문과 배달이 많기 때문에(홀도 넓다) 피자를 구워 짬짬이 때우는 게 전부였다. 내가 일을 마치는 시간과 피자집이 문을 닫고 정리하는 시간이 비슷하기 때문에 이 친구들도 청소를 하고 음식물 쓰레기를 버리러 나오곤 했다. 내가 정리하는 시간이 늦으면 퇴근하는 이 친구들을 불러 마차에서 먹게 하고, 내가 먼저 끝나면 음식을 싸서 올려 보내 준다.

순대는 반 평(약 1.7제곱미터)도 안 되는 부스 안에서 밤새 근무할 경비 아저씨에게 밤참으로 챙겨 드린다. 물론 남은 오뎅이랑 싸주기 애매한 것들은 내 입으로….

제일 먼저 떡볶이 판을 정리한다. 물을 부어서 옆에 묻은 양념을 잘 긁어내야 한다. 튀김 기름은 기름통에 붓고, 뜨거울 때 튀김 솥을 철 수세미로 닦은 후 키친타월로 깨끗이 닦아 낸다. 순대 통에 물을 받아 불을 켜고 주방 세제를 풀어 식칼, 가위, 집게 등 집기들을 담근다.

도마를 닦고 집기를 닦고, 튀김을 진열했던 튀김 쟁반을 닦는다. 튀김 냄비를 올려 뒀던 버너에는 설거지통을 올려서 물을 붓고 끓여 세제로 닦은 그릇들을 헹군다. 오뎅통의 중간 칸막이도 꺼내서 닦는다. 음식물 쓰레기는 한곳에 모아 음식물 쓰레기통에 버리고, 세제로 그릇들을 다 닦고 나면 그 물을 버리기 전에 전용 수세미에 묻혀 마차를 닦는다. 세제를 푼 통의 물을 버리고 새 물을 받아 집기들을 두 번째 헹구고, 설거지가 다 끝나면 행주를 빨아 마차를 닦는다.

아이스박스와 재료 박스, 식용유 통 등을 모두 마차 위에 올리고, 마차 천막을 떼어 내고 접어서 마차 위에 올린다. 마차 주변을 쓸고 물통에 남은 물을 바닥에 뿌려 주변을 정리한다. 마차 덮개 천막을 씌우고 고무 끈으로 두른 다음 마차 위아래 찬장을 자물쇠로 잠근다. 이제 남은 건 집에 챙겨 가야 하는 오뎅 꼬치 등과 물통 네 개.

물을 뜨러 약수터에 가야 한다. 차로 약수터에 가서 물통 네 개에 물을 가득 담는다. 마실 물로 쓸 생수병 서너 개에도 물을 담는다. 물통은 진정 무겁다. 물통에 물을 가득 채우지 않으면 출렁여서 쏟아질 수 있기 때문에, 공기가 남지 않도록 물을 꽉 채워 넣어야 한다. 이제 마차로 온다. 마차 뒤쪽에 물통 네 개를 내려놓는다.

이제 집에 간다. 집에 가서 오뎅 꼬치와 오뎅 국물용 다시 주머니를 씻는다. 오뎅 국물 낼 재료를 사왔으면 그것도 씻어 손질해 둔다. 순대 소금이 떨어졌으면 깨소금도 빻아야 한다.

하루 일이 끝났다. 대략 밤 12시가 넘는다. 챙겨 온 순대와 내장에 소주나 한잔하고 자야겠다. 한잔하며 내 손을 본다. 초보 티 내느라 베이고 데이고 손이 말이 아니다. 수고했어, 오늘도….

일러스트레이션. 박성민

나의
노점 이야기

제2부

밥에서
밥으로

나의 밥이 너의 밥이 되고,

네가 나를 먹이고 내가 너를 먹이는,

밥과 밥의 고리들.

나의 노점도 그 어디쯤에 있었다.

그 고리가 더 튼튼하고 더 인간다울 수 있다면.

다시 밥상을 차리자.

응원의 말보다 응원의 밥이다.

우리 건물의
경비 아저씨
내 노점의 이웃 이야기

내 노점 앞에는 건물이 있다. 나는 그 건물을 '우리 건물'이라고 부른다(세상을 이런 시각으로 보면 위험하다). 다시 말하면, 시흥대로 홈플러스 횡단보도 건너편에 있는 건물에는 안경점과 피자집, 한의원과 치과, 학원 그리고 노래방과 당구장이 있다. 그 건물 앞에 내 노점 마차가 있다. 그리고 그 건물에는 경비 아저씨가 있다.

24시간 격일로 근무하는 경비 아저씨는 두 분. 키 큰 아저씨는 경비를 시작한 지 얼마 안 된 분이고, 연세가 좀 있는 아저씨는 3년 넘게 일했다. 나는 연세가 좀 든 경비 아저씨를 그냥 '경비 아저씨'로, 키 큰 경비 아저씨를 '키 큰 아저씨'로 구분했다.

경비 아저씨는 사교성이 좋다

내 마차가 처음 건물 앞에 놓이던 날, 단속반이 나와서 난리를 치고 돌아간 후에 나는 경비 아저씨에게 잘 부탁드린다는 인사를 했다. 건물 주인이야 내 마차가 자기 건물 정문 앞에 떡하니 놓인 것을 좋아할 리 만무하지만, 경비 아저씨와 싸울 일은 아니기 때문이다.

경비 아저씨가 말했다.

"젊은 사람이 열심히 사네."

그러고는 더 말이 없었다. 나는 경비 아저씨가 나서서 마차를 치우라고 하지는 않겠구나 싶었다. 아저씨는 고향이 충청도이지만 오랫동안 금천구에서 살았다고 했다. 성격이 시원시원해서 청소하는 분과도 친하고 옆 건물 경비 아저씨랑도 친하고, 옆 골목의 과일가게 아저씨랑도 친하고, 무엇보다 동네 단골 술집 주인들과 제일 친했다. 그래서인지 나와도 금세 친해졌다.

한자리에 가만히 있지 못하는 성미인 아저씨는 건물 입구에 달린 경비실에 앉아 있는 적이 없었다. 아침 청소를 마친 아주머니와 한 수다, 옆 건물 경비 아저씨와 한 수다, 지나가는 야쿠르트 아주머니와 한 수다, 그리고 나와 한 수다, 그다음은 건물 옆 골목 쪽으로 가서 몇 명과 더 만나는지 알 수 없을 만큼 바쁜 일과를 보냈다.

경비 아저씨는 투덜거리는 기술자다

예전에 건물 전기 배선 일을 했다는 아저씨는 퇴직하고 경비 일을 시작했다고 한다. 다른 날 일하는 키 큰 경비 아저씨는 심각하리만치 사교성이 없는 분이고 경비 일도 처음이라, 아저씨는 당신이 온갖 일을 다 해야 한다며 매일 내게 투덜거렸다.

　2년 전에 큰비가 와서 시흥 사거리가 잠겼을 때, 우리 건물 지하실도 물에 잠겼다고 한다. 1년에 3일뿐인 휴가를 보내던 아저씨는 새벽에 건물로 불려 나와 물을 빼야 했고, 보일러가 고장이 나거나 전기 배선에 문제가 생겨도 이를 수리하는 건 다 아저씨 몫이어서 너무 피곤하다고 했다. 아저씨가 없으면 건물 관리가 안 된단다.

　노점상이 "내가 옛날에~"로 시작하는 이야기들은 대부분 절반 정도는 진실이어도 절반 이상은 상상력과 희망

사항이 덧붙여진 것들이다. 그런데 아저씨 이야기는 옛날에 잘나갔던 이야기가 아니라 지금 하고 있는 일들에 대한 것이었다.

나는 알았다. 아저씨 이야기의 핵심은 무슨 일이든 척척 해결하는 자신의 능력을 알아주는 사람이 없다는 것이었다. 그래서 우리는 통했다. 나는 아저씨가 하는 일을 바라봤고, 아저씨는 나의 고군분투를 바라봐 줬다.

경비 아저씨는 술을 무척 좋아한다

만약 건물 사장이 아저씨의 24시간 일과를 알았다면 아저씨는 벌써 해고되었을지 모른다. 그래도 아저씨만의 규칙이 있어서 해가 지기 전에는 절대 술을 입에 대지 않는다. 건물에 있는 병원들이 문을 닫고 나면 아저씨는 경비 옷을 평상복으로 갈아입는다. 그리고 한두 시간이 지나면 기분 좋은 얼굴로 다시 돌아온다.

술친구가 없는 날이면 내 마차에 와서 "순대 내장 조금만 줘봐." 할 때가 있었는데, 그러면 순대 삶을 때 넣는 소주 됫병도 한 잔 같이 따라 드린다. 맥주는 싱겁고 배불러서 안 마신다고 하지만 여름에는 "시원한 맥주 있는데, 오징어 튀김이랑 드릴까요?" 하면 씨익 웃는다.

우리 건물에는 숙직실이 없다. 현관 앞 경비실은 의자를 놓을 공간도 없어 벽에 붙여 놓은 판자에 앉아 밤을 보내야 한다.

"아저씨, 저 경비실에서 주무시는 거예요?"

"아냐. 지하 2층에 창고 같은 게 있어서 거기서 밥도 먹을 수 있고, 위층에 건물 사장이 쓰는 사무실이 있어. 밤에는 거기가 다 내 차지야."

나는 일과를 마치고 마차를 정리하면서 순대랑 내장을 포장해 아저씨에게 드리고 간다. 나는 집에서 순대에 소주를 곁들이며, 아무도 없는 건물 지하 창고나 사무실 소파에서 소주에 순대 한 점 하고 있을 아저씨의 모습을 상상한다.

경비 아저씨는 재치가 있다

경비 아저씨의 일은 매우 다양하지만 특히 비가 오는 날에 일이 많다. 건물 현관 앞에 미끄러지지 않도록 깔개도 깔아야 하고, 바닥과 엘리베이터 안의 물기를 계속 닦아 수어야 한다. 그래서인지 아저씨는 비 오는 날을 무척 싫어한다.

비 오는 날에 추가되는 또 다른 일은 건물주(아저씨는 '사장'이라고 불렀다)가 퇴근할 때 주차장까지 우산을 받쳐 주는 것이다. 건물 주차장까지는 건물 현관을 나와서 건물 뒤편으로 한 바퀴 돌아가야 하기 때문이다.

다른 날 일하는 키 큰 아저씨는 사장의 퇴근 시간에 맞추어 현관에 대기하고 있다가 우산을 들고 사장을 배웅하는데, 경비 아저씨는 이 일을 안 한다. '빈정'이 상한다는 것이다. 물론 아저씨가 대놓고 이 일을 거부하는 건 아니다. 아저씨는 비 오는 날 사장이 퇴근할 시간이 되면 갑자기 바쁜 일이 생겨서 현관 앞을 떠난다. 사장이 가고 나면, 돌아와서 사장이 갔냐고 내게 물으며 씨익 웃는다.

경비 아저씨는 정의의 사나이다

성격이 화끈한 경비 아저씨는 눈에 거슬리는 행동을 보면 참지를 못한다. 아저씨는 밤이 되면 노래방과 당구장이 있는 지하를 제외하고 2층부터는 출입을 철저하게 통제하는데, "젊은 노무 시키들이 어두운 계단에서 부둥켜안고 있"

거나 "썩을 노무 시키들이 계단에 소변을 누기 때문"이다. 지금은 예방 차원의 출입 통제이지만 예전에 현장을 걸린 '시키'들은 아주아주 호통을 들었다고 한다.

　우리 건물은 거의 정면에 횡단보도가 있기 때문에 신호를 기다리는 사람들이 모여 있는 경우가 많다. 특히 현관 앞에서 담배를 피우거나 통화를 하는 사람이 많아서 입구에 금연 및 핸드폰 사용 자제 문구가 붙어 있다. 하루는 우락부락한 아저씨가 현관에서 전화를 하면서 담배를 피우고 있는 걸 경비 아저씨가 목격했다. 까칠한 한마디가 날아갔다.

　"여기서 담배 피우면 안 돼요."

　우락부락 아저씨가 바로 눈을 치켜뜨며 소리쳤다.

　"네가 뭔데 이래라 저래라 ××이야?"

　"너 몇 살인데 욕지거리야?"로 이어지며 결국 멱살잡이까지 하고 말았다. 내가 말리다가 경찰을 부른다고 으름장을 놓아서야 우락부락 아저씨는 침을 뱉으며 가버렸지만, 경비 아저씨의 분은 쉽게 풀리지 않았다. 아저씨가 제일 싫어하는 것이 '인간에 대한 예의'가 없는 것들이다.

　내가 단속에 대비하기 위해 매일 밤새 마차를 지키던 때였다. 날이 추워져서 마차 문을 닫은 후에는 옆 골목에 지역 노점 단체의 봉고차를 세워 두고 거기서 밤샘을 했다. 자정이 넘은 시각에 남자애들 세 명이 골목 안쪽에서 서성거리고 있었다. 우리 차는 창문에 선팅이 되어 있어서 그들은 내가 보이지 않았다. 조금 있으니 한 아가씨가 지나갔는데, 그 남자애들이 아가씨에게 다가가더니 뭐라 뭐라 하는 것 같았다. '무슨 상황이지?'라고 생각하고 있는데, 마침 경비 아저씨가 주차장 문을 닫으러 건물 뒤편으로 오다가 그 광경을 목격했다.

아저씨는 단 1초의 망설임도 없이 소리를 버럭 지르며 그 애들이 있는 곳으로 뛰어갔다. 나는 차 안에 있어서 잘 들리지 않았지만 아가씨에게 돈을 뜯으려 했었나 보다. 나도 차에서 내려 아저씨가 간 쪽으로 뛰어갔다. 그 남자애들은 재수가 없네, 어쩌고 하면서 어기적거리며 사라졌다.

상황을 파악한 후에야 나는 덜컥 겁이 났다. 그들이 순순히 안 물러났으면 어쩔 뻔했나. 나중에라도 앙심을 품고 아저씨에게 해코지를 하면 어쩌려고. 나한테까지 와서 장사하는데 시비를 걸 수도 있지 않은가.

"아저씨, 요새 어린애들이 제일 무서워요. 혼자 있다가 두들겨 맞기라도 하면 어쩌려고 그러세요."

아저씨는 "젊은 노무 시키들이…"를 연발할 뿐이었다.

나이가 많은 것으로 세상 무서운 것이 없는 양 행동하는 노인들을 많이 봐왔다. 그렇지만 무섭지 않으나 무서워해야 하는 것과 무서우나 무서워하지 말아야 하는 것을 구분하는 분들을 만나기는 쉽지 않다. 당장 나부터도 자신이 없다. 나는 경비 아저씨에게 진심으로 이야기했다.

"아저씨, 걱정하지 마세요. 제가 제 마차 지키면서 아저씨도 지켜 드릴게요."

경비 아저씨의 임금 인상 투쟁

아저씨 임금에는 문제가 많았다. 용역업체를 통한 것도 아니고 건물주가 직접 채용했는데 근로계약서도 없다. 3년 동안 단 한 번도 임금이 오른 적이 없다고 했다. 올해는 올려 주겠지, 이번 달에는 올려 주겠지 하며 3년이 지났다고 했다. 아저씨는 내 마차에서 건물주에 대해 '시키'를 붙여 가며 열을 냈다. 아저씨는 사실상 경비 업무뿐만 아니라 건물의 시설 관리까지 하고 있는데 임금을 경비직으로만 지급하면서 그조차 인상하지 않는 게 괘씸하다는 것이었다.

나도 주워들은 게 있어서 "최저임금이 매년 조금씩이라도 오르니까 임금도 오를 텐데요?"라고 했더니 아저씨가 임금 명세서를 가져왔다. 임금이 생각보다 너무 적어서 깜짝 놀랐다. 나는 그 임금 명세서를 들고 비정규직 노동 상담을 하는 선배와 후배에게 문의를 했다. 경비업은 최저임금 적용에서 제외였지만 이것저것 조언을 듣고 아저씨에게 전해 드렸다. 정작 아저씨는 "그러니까 내가 적게 받는 게 맞지?"라며 구체적인 건 관심이 없고 알 건 알았다는 듯 건물로 돌아갔다.

3일쯤 후였을까. 아저씨는 득의양양한 얼굴로 내가 나오기를 기다리고 있었다.

"무슨 좋은 일 있으세요?"

내가 물었더니 누가 들을까 봐 작은 목소리로 "임금 올렸어."라신다.

"어떻게요?"

"내가 사장한테 가서 '당신 법 위반이다. 그리고 인간적으로도 심한 거 아니냐. 다 필요 없다. 나는 당장 그만두겠다. 알아서 건물 관리까지 하는 사람 구해 봐라.' 하고 나와 버렸지. 그랬더니 바로 다음 날 올려 준다더라고."

건물주는 경비 아저씨의 임금은 올렸지만 키 큰 아저씨의 임금은 올리지 않았다. 뭔가 명확하지 않은 이상한 거래였지만 경비 아저씨는 매우 흡족해했고, 나는 사는 게 법으로 딱 떨어지지 않듯이 문제를 해결하는 방법도 마찬가지라는 것을 다시 한번 깨닫고 있었다.

경비 아저씨는 지방에 내려가서 집을 짓고 사는 것이 꿈이다

경비 아저씨에게는 딸이 있는데, 내가 떡볶이 장사를 할 무렵 결혼을 했다. 딸내미의 결혼을 앞두고 아저씨는 마음이 심란했다. 살면서 더 챙겨 주지 못한 것이 미안하다며 술도 더 많이 드셨다. 딸이 결혼한 후에는 친정 엄마처럼 이것저것 작은 것들도 챙겨 주느라 열심이었다. 말투가 다정함과는 거리가 먼 경비 아저씨는 내 마차 쪽으로 나와서 딸과 툴툴거리며 자주 통화했다. 그나마도 금세 뜸해지더니 아저씨는 앓던 이 빠진 것처럼 시원해하며 이제 당신의 인생을 살겠다며 기뻐했다.

아저씨의 소망은 지방에 내려가서 집을 짓고 사는 것

이다. 내려가서 살 곳도 봐두었다고 한다. 몇 개월만 더 경비 일을 하고 바로 내려가고 싶다는 아저씨에게 나는 "아저씨 가시면 진짜 서운할 텐데요."라고 말하면서도 그 소망이 꼭 이루어지길 바랐다.

경비 아저씨는 자상하다

앞에서도 말했지만, 늦은 밤 마차를 다 정리하고도 물통에 물이 남았으면 바닥 청소를 한다. 물이 많으면 철 수세미에 세제를 묻혀 바닥에 떨어진 기름이나 떡볶이 국물을 닦아 낸다. 그리고 빈 물통 네 개를 싣고 약수터에 가서 물을 떠서 다시 마차에 내려놓는데, 그 모습을 경비 아저씨가 봤다. 당신이 경비를 보는 날에는 건물에서 물을 받으라고 한다. 물통을 들고 엘리베이터를 타고 올라가서 화장실에서 물을 받아 내려올 때 아저씨가 물통도 들어 준다. 물이 흐르면 바닥을 다시 닦아야 하지만 아저씨는 흔쾌히 밤의 강력한 통제 구역을 열어 주었다.

  아저씨는, 내게 말하지 않았지만, 잠들기 전이나 새벽에 내 마차를 누가 기웃거리는지, 누가 마차를 뒤지는 것은 아닌지 확인한다. 내가 봉고차에서 밤새 마차를 지키고 새벽에 세수를 하러 화장실에 가면 따뜻한 물을 한 바가지 가져다줄 때도 있다.

　그러나 서로에게 벌어지는 일상을 우리는 대부분 모른 체한다. 아저씨가 특별히 마차로 와서 이야기하지 않는 한, 내가 특별히 부탁하지 않는 한 서로의 힘겨운 일상에 모두 개입하는 건 피차 힘겨운 일이기 때문이다.

최악이었던 날

하루에 세 곳에서 단속을 받았다. 경찰, 구청 가로정비과, 현수막 정비 단속까지. 그날따라 이상한 행인이 와서 시비까지 붙어 나는 누가 건드리기만 하면 터지기 일보 직전의 상태였다.

　한 시간이 넘게 걸리는 마차 정리를 꾸역꾸역 하고 있는데, 술 한잔 걸친 아저씨가 마차 앞으로 왔다. 나는 아저씨의 이야기를 받아 줄 상태가 아니었기에 아무 말도 하지 않았다. 아저씨는 아무런 이야기도 하지 않은 채 내가 마차를 정리하는 모습을 물끄러미 지켜만 보았다. 한참을 서있던 아저씨가 물기 어린 목소리로 한마디 하고 가신다.

"그래도, 산다는 건 좋은 거야…."

운수 좋은 날

8만 원의 교훈

열흘 동안 돈 구경을 못한 떡볶이 노점 아줌마는 밀려드는 손님에 흥이 났다. 마차를 펴자마자 손님이 꼬마 김밥을 주문하더니 튀김을 할 때도 제법 손님이 모여들었다. 장사라는 게 신기하게도 사람이 많으면 더 모여든다. 오후 4시 피크 타임 때는 마차 안이 북적북적했다.

"여기 노점이 있었네?"

"응. 얼마 전에 생겼더라고. 여기 괜찮아."

오후에는 잘 없는 젊은 손님들까지 밀려들었다. 5시가 되어 손님이 좀 뜸해지는가 싶더니 길 위쪽에 있는 국민은행에서 언니들이 나와 3만 원어치 포장을 주문했다. 아줌마는 속으로 '아싸!' 소리가 절로 나왔다. 이 아줌마, 오늘 최고 매상을 올릴 수 있겠다.

잉어빵을 팔던 노점 아줌마가 품목을 떡볶이로 바꾸고

나서도 매출은 그다지 시원찮았다. 오랫동안 노점을 하던 분들이 말하기를, 품목이 바뀌거나 새로 노점이 생기면 '여기 노점이 있다'는 걸 사람들이 기억하는 데 최소 3개월에서 1년까지 걸린다고 했지만, 사람 마음이 어디 그런가. 당장이라도 손님이 밀려들 것이라고 기대하는 게 인지상정이다. 처음이라 들어가는 돈은 많고 손님은 별로 없으니 이러다가 망하면 어떻게 해야 하나 우울했던 아줌마다. 그러나 이날은 달랐다. 국민은행 언니들이 포장을 해갔을 때 이미 매상은 전날보다 높았다. 바빠서 돈 셀 시간이 없을 지경이었다.

저녁 7시 무렵 각각 네 명이나 손님이 한꺼번에 마차 안으로 들어왔다. 아줌마 입에서는 침이 떨어지기 일보 직전이다. 신이 난 아줌마가 한 명씩 주문을 받고 있는데, 갑자기 어떤 아저씨가 마차 안으로 들어오면서 큰 소리로 말한다.

"아줌마, 어제 내가 차로 지나가면서 인사했는데 왜 모른 척하셔!"

"네? 언제요?"

"어제 아줌마가 밖으로 나왔을 때 내가 마침 지나가고

있어서 손을 흔들며 인사했는데, 모른 척하고 다시 들어가더라고. 그건 그렇고 떡볶이 만 원어치랑 순대 만 원어치 좀 싸줘요. 우리 직원들 가져다주게.”

각각 들어온 네 명이 제각각 주문을 하면서 간장 달라, 핫도그에 설탕도 발라 달라 얘기하는 정신없는 와중에도 아줌마는 머릿속으로 ‘2만 원 더!’라는 계산을 했다.

떡볶이를 담으면서 떡볶이 판 한쪽에 새로 떡을 올리고, 순대도 새로 삶고, 주문에 따라 튀김을 다시 튀기고 순대를 썰고 하느라 정신이 없는데, 각자 온 손님 네 명은 무언가를 계속 더 달라고 아줌마에게 주문을 하고 있었다. 이 북새통에 2만 원어치를 주문한 아저씨는 주머니를 뒤지더니 지갑이 없는지 큰 목소리로 사무실에 전화를 한다.

“어, 야, 난데, 지갑을 두고 나왔어. 여기 안경점 앞에 노점 있잖아. 이리로 지갑 좀 가지고 나와! 뭐? 옆 사무실 사람들도 있다고? 알았어, 알았어. 더 사가지고 갈게. 아줌마, 여기 튀김도 만 원어치 포장해 줘요.”

“네에.”

아줌마는 다른 얘기는 귀에 들어오지도 않았다. 오늘 얼마를 버는가에만 관심이 쏠렸다.

"아줌마! 내가 지갑을 안 가지고 와서 사무실 직원 애가 들고 나올 건데, 내가 급하게 부품을 사야 하는 게 있어요. 7시 반에 문을 닫거든. 금방 지갑 가져올 테니까 10만 원만 빌려줘요."

"네? 10만 원이요? 그런 돈이 어디 있어요?"

여기까지는 좋았다.

"아줌마, 나 저기 길 건너 신흥상회잖아. 나 몰라요? 내가 지난번에도 많이 사갔는데. 금방 부품 받고 지갑 챙겨서 올 테니 음식 포장해 두고 좀 빌려줘요. 나 무지 급해!"

아저씨가 장황하게 이야기를 하는데, 아줌마는 잠깐 넋이 나갔다. 가스 불 네 개에서 피어오르는 연기, 손님 네 명이 각각 아줌마에게 말을 걸고, 그 아저씨는 제대로 쳐다보니 정말 아는 사람 같았다. 그 광경이 꿈인지 현실인지 구분이 안 되는 느낌이었다. 그리고 아줌마는 전혀 그럴 생각이 없었는데 생각과 몸이 따로 움직였다.

"아저씨, 10만 원은 없는데…."

"8만 원 있어? 그럼 8만 원만 빌려줘요. 안 급한 거 몇 개는 내일 사야겠네."

아저씨가 손을 내미는데 아줌마는 무언가에 홀린 듯이

빨간색 고추장 통에 들어 있는 돈을 세기 시작했다. 그리고 8만 원을 잡아서 내밀자 그 아저씨가 잽싸게 그 돈을 낚아챈다.

'속았다!'

아줌마는 그 8만 원이 손에서 떠나자마자 생각했다. 그런데도 그 아저씨를 따라갈 수가 없었다. 손님 네 명이 여전히 아줌마에게 말을 걸고 있었기 때문이기도 했고, 아줌마는 아직 최면에서 덜 깬 사람 같았다.

그날 매출은 24만 원이었다. 물론 그 아저씨의 3만 원까지 받았으면 27만 원이었겠지만. 재료비와 가스비 등을 빼고 나면 10만 원이 조금 안 되는 돈이 남았을 테다. 손님은 썰물처럼 빠져 나가고 더는 오지 않았다. 순대 만 원, 떡볶이 만 원, 튀김 만 원어치를 포장한 검정 비닐봉지 세 개만 마차에 덩그러니 남았다.

아줌마는 그 검정 봉다리를 쳐다보며 아저씨를 기다렸다. 혹시 올지도 모른다고 애써 생각해 보려고 했다. 하지만 아줌마도 알고 있었다. 그 아저씨는 절대 안 오리라는 것을. 아줌마는 10시가 넘어서야 그 사실을 인정했다. 지나가는 사람들에게 보이지 않게 마차 뒤에 쭈그리고 앉아서 아줌마는 울었다. 8만 원이 아까워서가 아니었다. 아줌마 스스로가 너무 한심해서였다. 아줌마는 신음처럼 중얼거렸다.

"어쩐지, 운수가 좋은 날이더라니…."

8만 원의 교훈

내가 10시가 지나서도 마차를 정리하지 않고 있으니 경비 아저씨가 무슨 일이 있나 싶어 마차로 왔다. 창피해서 얘기하고 싶지 않았지만, 혹시 경비 아저씨가 아는 사람일지도 몰랐다. 내 이야기를 듣고 난 아저씨가 한마디로 정리해 주었다.

"되게 뜯겼네."

아저씨 말로는 여기 그런 사람들이 많다고 했다. 노점뿐만 아니라 가게마다 한 번씩은 대충 다 당해 봤다고 해도 과언이 아니라고. 아저씨도 한 번 당한 적이 있다고 했다. "건물 임대"라고 써놓으면 건물 보는 것처럼 들어와서는 지갑이 없다고 차비 빌려 달라 해서 뜯긴 적이 있다고. 그 사람들은 그런 일만 전문적으로 하는 거라 그 순간엔 뭐에 홀린 듯 넘어가기 마련이라고. 아마 마지막 손님 네 명이 바람

잡이였을 거라고 했다.

아저씨 이야기로 약간 위로가 되었지만 아저씨도 그렇고 옛날에 한 번씩 다 당해 봤다는 노점상분들 이야기를 들어 봐도 1만, 2만 원이 고작이지 나처럼 많이 뜯긴 사람은 없었다.

생각해 보면, 나는 이번이 처음이 아니다. 1996년에는 고속도로 휴게소에서 누군가 번호가 적힌 종이를 나눠 주더니 추첨해서 당첨되면 금시계를 드린다며 번호를 불렀다. "32번!"(나는 아직도 그 번호를 기억한다). 나는 손을 번쩍 들었다. 관세는 본인 부담이라기에 3만 원을 내고 받았던 남녀 금시계. 그때는 정말 금시계라고 믿었다. 사무실로 돌아와서 선배들에게 자랑했다가 "너 바보냐?"라는 소리를 들었어도 나는 진짜 금시계라고 믿었다. 결국 금은방에 감정받으러 들고 갔다가 쓰레기통에 버리라는 얘기를 들었어도, 나는 한동안 그 금시계를 버리지 못했다.

그다음 해인가 역시 고속도로 휴게소에서 트럭에 생선을 가득 싣고 온 아저씨가 급한 일로 서울에 못 가고 다시 돌아가야 하는 사정인데, 광어랑 갈치랑 횟감만 10만 원이 넘는 상자 하나를 4만 원에 준다고 해서 정말 기쁘게 한 상자를 사들고 집에 간 적도 있다.

노점 언니에게 8만 원 사건을 이야기했더니, 언니는 혀를 끌끌 차며 나를 위로했다.

"액땜했다고 생각해. 8만 원으로 큰 경험 했네. 앞으로 다시는 당하지 않게 수업료 낸 셈 치자."

나는 8만 원으로 '사람을 다 믿으면 안 된다'는 교훈을 얻었다.

믿음에 관하여

학생운동을 하던 시절, 가출했다가 잠시 들어갔을 때 엄마는 표현할 수 없을 만큼 화가 많이 나서 아빠에게 도움을 청했다. 아빠는 나를 불러 앉히더니 물었다.

"의선아, 너한테 믿음이 있니?"

"네, 있어요."

목사인 아빠가 묻는 믿음은 신앙에 관한 것이었다. 그러나 내가 답한 믿음은 신앙에 관한 것만은 아니었다. 아빠는 내 대답에 한마디만 하고는 내가 계속 학생운동을 할 수 있게 허락해 주었다.

"네 믿음에 부끄럽지 않게 살아라."

이후에 대중운동 단체에 있으면서 나는, 의심은 확실히 전염된다는 것을 경험했다. 진실은 중요하지 않았다. 일단 의심이 시작되면 그 의심은 진실이 되었다. 의심의 기술은 늘고, 주변 사람들에게도 습득된다. 내가 황당한 의심을 받았어도, 그 황당함의 경험이 다른 사람에 대한 의심의 기술로 습득되는 것이다. 그것을 소스라치게 깨닫게 된 후에 나는 '사람을 믿는다는 것'이 삶을 얼마나 행복하게 하는지도 알았다. 의심을 버리면 따뜻한 시선으로 그 사람의 정면을 보고 웃으면서 말할 수 있기 때문이다.

운수 좋은 날, 나는 8만 원이 아까웠으며, 어처구니없이 속았다고 스스로를 책망했고, 힘들게 하루를 살아 내는 사람들의 돈을 뜯는 이들을 미워했다. 그러나 '사람을 무조건 믿으면 안 된다'는 교훈을 남겨야 할지는 계속 망설여지는 것이었다.

의심은 전염된다
신고한 사람은 누구일까

떡볶이를 시작하고 나서부터 단속이 부쩍 심해졌다. 우리 건물 앞에 마차를 두면서 알게 된 사실은 원래는 이 거리에 노점이 꽤 많았으나 디자인 거리를 만들게 되면서부터 노점이 모두 사라졌고, 노점이 진입하려고 해도 민원이 많아 자리를 잡지 못했다는 것이다.

　　이 거리에서 장사를 하다가 단속으로 쫓겨나 옆 골목에 작은 점포를 얻어 장사를 하는 과일 아저씨는 우리 건물 1층의 안경점이 민원을 넣은 거라고 했다. 실제 민원을 넣는 사람이 누군지 알 수 없는 상황에서 안경점은 나의 의심 대상 1순위였다. 단속이 계속 나오자 이런 일에 당사자가 직접 나서면 좋을 게 없다며, 지역장님이 안경점을 방문했다. 말수가 적은 지역장님은 안경점을 다녀와서도 '잘 이야기했다'고만 할 뿐 이렇다 저렇다 말을 해주지 않았다. 단속은 계속 나왔다.

　나는 전전긍긍했다. 꽤 규모가 큰 안경점에서 정문을 막거나 간판을 가린 것도 아닌데 왜 나를 자꾸 신고하는 걸까. 따진다고 해결될 문제는 아닌데 어떻게 이해를 구하면 좋을까. 안경점 분들이 밖으로 나오면 눈을 마주치지 않으려고 피했지만, 모든 신경은 안경점에 쏠려 있었다. 특히 사장으로 보이는 제일 나이 많은 분은 한 시간에 한 번꼴로 담배를 피우러 건물 현관, 즉 내 마차 앞쪽으로 나온다. 그때마다 나는 안절부절못했다. 말을 걸어 볼까. 음식을 좀 싸드릴까. 아예 피해 버릴까. 손님이 있을 때는 괜찮은데, 손님이 한 명도 없을 때는 그야말로 좌불안석이었다.

　급기야 나는 꿈도 꾸었다. 안경점에서 나를 따뜻하게 맞아 주는 꿈이었다. 『우리들의 일그러진 영웅』에서 엄석대의 품으로 들어가는 순간처럼 편안함이 안경점과 내 마차 사이에 감도는 그런 꿈. 하지만 그 꿈은 한 번뿐이었다. 그 뒤로는 내내 나를 단속하라고 안경점이 다그치고, 안경점이 점점 커지더니 급기야 마차를 삼켜 버리는 악몽의 연속이었다.

　내가 꿈 얘기를 했더니 지역장님은 보기와 다르게 소

심하다며 신경 쓰지 말라고 웃어넘긴다. 난 원래 심한 외강내유형이다.

'그래, 결심했어!'

나는 한참을 고민하다가 안경점을 찾아갔다. 안경을 새로 맞추기 위해서였다. 그런데 고민이 있었다. 안경을 맞추기는 해야겠는데, 쓰고 있던 안경이 꽤 비싼 안경이었다. 그게 마음에 걸렸다. 노점을 하면서 비싼 안경을 쓰고 있는 게 안경점 사람들에게 안 좋게 보일 것 같았다. 그래서 그전에 쓰던 망가진 안경을 대충 쓰고 나와서 안경점을 방문했다.

안경점 사람들은 대번에 나를 알아봤다. 멋쩍게 안경을 맞추러 왔다고 하니, 내가 사장이라고 짐작했던 나이 든 분이 안내를 해준다. 이분은 사장이 아니고 실장이라고 한다. 시력검사를 하고 안경을 고르는데 이분, 정말 저렴한 가격대로 추천해 준다. 꽤 만족스럽게도 저렴하고 잘 어울리는 안경을 그 많은 안경들 중에서 쏙쏙 뽑아 보여 주었다. 나는 안경테와 알까지 8만 원 정도로 맞추고 (단속에 대해서는 아무 이야기도 하지 않고) 안경점을 나왔다.

그리고 일주일 후, 내게 떡볶이 양념을 가르쳐 준 언니와 함께 다시 안경점을 방문했다. 그 언니의 안경을 사기 위해서였다. 실장님이 언니에게 추천한 안경은 모두 테만 20만 원이 넘는 것들이었다. 결국 언니는 40만 원 가까이 하는 안경을 맞췄다. 그 언니가 안경을 맞추는 동안 나는 그제야 조금씩 안경점 사람들과 이야기를 나눌 수 있었다.

나는 이 기회를 놓치지 않고, 주변 사람들에게 그 안경점을 추천했다. 금천에 사는 친구, 정당에 있을 때 알게 된 지역당원협의회 위원장 등. 오다가다 내 마차를 이용하는 분들에게도 안경점이 좋다고 홍보에 열을 올렸다. 장사를 일찍 마치는 날에 튀김이 남으면, 새우튀김만 골라서 가져다주기도 했다. 갈 때마다 조금씩 안경점에 뭉개고 앉아 이야기를 나눴다.

안경점에는 네 명이 일하고 있었다. 내 안경을 맞춰 준 실장과 젊은 사장, 그 외에 오후와 주말에만 교대로 근무하는 직원이 두 명 있었다. 얘기를 나누다 알게 된 거지만, 사장은 대리 사장이었고 건물주와 계약상 골치 아픈 문제가 있어 스트레스가 크다고 했다. 월세와 관리비를 합쳐 1500만 원이 넘게 지불하고 있었다. 디자인 거리라 구청의 간판 단속 역시 매우 엄격해서 처음에는 과태료를 꽤 많이 물었다고 한다.

내 노점 마차가 있는 것이 안경점에는 별 문제가 없으나, 안쪽 창문에 붙인 현수막을 조금 가리고 있으니 30센티 정도만 옮겨 주면 고맙겠다고 했다. 나는 바로 마차를 살짝 옮겼다. 그 후로 안경점은 한가한 평일 오후나 아주 바쁜 주말 저녁에는 간식과 식사 대신 내 마차에서 음식을 사가기도 했다.

안경점은 아니다. 한 달이 넘도록 안경점과 싸우는 꿈이나 화해하는 꿈을 꾸면서 내가 내린 결론이었다. 그리고 단속은 계속 나왔다.

꼬리에 꼬리를 무는 의심

우리 건물 경비 아저씨는 골목 안의 순댓국밥집 단골이다. 낮술이건 밤술이건 주로 순댓국밥집에서 드신다. 이 집은 동네 아저씨들의 사랑방이었다. 경비 아저씨 말로는 순댓국밥집 주인이 내가 잉어빵에서 떡볶이로 종목을 바꾸면서 순대도 판다고 불평을 했다고 한다. 물론 경비 아저씨가 내게 말해 준 건 비밀이다. 경비 아저씨는 안경점이 아니면 순댓국밥집일 수도 있다고 내게 귀띔해 주었다.

　옆 건물의 주차장 경비 아저씨는 순댓국밥집이 아니고 김밥천국일 거라고 했다. 순댓국밥집은 순대만 겹치지만, 김밥천국은 동종 품목이나 마찬가지이고, 횡단보도 건너편까지 배달을 하는데 내 마차가 당연히 거슬릴 수 있다는 이야기다.

　독산역에서 노점을 하는 총각은 과일가게 아저씨일 수도 있고, 오히려 안경점일 수도 있다고 했다. 사유지에서 노점을 하면서 토지 주인인 앞 건물과 법정 다툼까지 하고 있는 독산역 노점 총각은 자신의 경험을 이야기했다. 그 건물에 있는 부동산에서 매일 인사도 하고 살갑게 대하기에 구청으로 들어가는 민원인이 그 부동산만은 아닐 거라고 굳게 믿었다고 한다. 그런데 결국 그 부동산이 민원인이었다는 게 밝혀졌다고. 오히려 대놓고 치우라고 하거나 민원을 넣겠다는 사람보다 더 무섭다고, 아무도 믿을 수 없다고 했다. 그래서 안경점일 수도 있고, 안경점을 지목한 과일 아저씨일 수도 있다고 했다. 매우 막막한 상황이었지만 의심만 하고 있을 수는 없었다. 단속은 계속되었다.

　일단 순댓국밥집은 경비 아저씨가 맡아 주기로 했다.

민원인인지 아닌지 정확하지 않으니 그냥 나와 내 마차에 대해 우호적인 이야기를 계속해 주는 걸로…. 그리고 나는 김밥천국에 가기 시작했다. 밥을 먹으러. 오토바이 운전을 하지 않아 매일 무거운 통을 들고 횡단보도 건너편으로 걸어서 배달을 하는 아저씨를 볼 때마다 큰 목소리로 인사도 했다.

안경점과 과일 아저씨는 믿어 보기로 했다. 그래도 안경점 홍보는 계속했고, 과일 아저씨에게는 떡볶이 양념을 만들 때 쓸 과일로, 멍이 들어 팔기 어려운 과일을 사들이는 것으로 우호 관계를 형성해 보고자 노력했다.

노래방 남자

그러던 어느 날, 다른 가게들에 대한 의심을 한방에 날릴 만한 사건이 일어났다. 하루 일과를 마치고 마차를 정리한 후 바닥을 보니 떡볶이 양념 등이 떨어져 지저분했다. 바닥 청소를 해야겠다고 생각하고 건물 지하에 내려가서 물통에 물을 받아 올라왔다. 철 수세미에 세제를 묻혀 바닥을 닦아 내고 있는데, 노래방 남자가 올라오더니 대뜸 소리를 질렀다.

"누구 맘대로 화장실에서 물을 받아 가는 거야?"

"네? 그게 아니라 건물 앞을 청소하려고…."

"누구 맘대로 여기서 장사를 하는데! 당신 때문에 노래방 간판이 안 보이잖아! 내가 민원 넣을 거야! 다시는 아래층에 얼씬도 하지 말라고!"

이 남자는 바닥에 쭈그리고 청소를 하는 내 옆에 서서 꽤 오랫동안 소리를 질렀다. 지하에 노래방만 있는 것도 아니고, 화장실이 노래방 것도 아닌데 너무하는 것 아니냐고 얘기하고 싶었지만 꾸역꾸역 참았다. '노래방이구나!'라는 생각뿐이었다.

그 노래방은 내가 이곳에서 장사를 시작할 때 문을 열지 않았었다. 3개월 영업정지를 받았기 때문이다. 그리고 3개월이 지나 영업을 재개했을 때, 내 마차는 이미 떡볶이 장사를 하고 있었다. 노래방 남자는 그동안 월세 까먹은 것과 장사를 못 한 열불까지 내 노점 마차에 대고 화풀이를 했다.

노래방과 전쟁 아닌 전쟁이 시작되었다. 1차로는 나를 빼고 지역장님과, 지역 상인들을 꽤 안다는 분이 노래방 남자를 만나러 들어갔다. 노래방 남자는 경찰을 불렀다. 2차로는 금천 지역 노래방협회 회장이라는 분을 만나 설득해 줄 것을 부탁했다. 협회 회장은 아니지만 노래방업계에 입김 좀 있다는 분이 나섰다. 노래방 남자는 또 경찰을 불렀다.

내 문제였으므로 다른 분들이 나서는 것을 보고 있을 수만은 없었다. 나는 안경점이나 김밥천국이나 과일가게처럼 평화적으로 해결되기를 바랐다. 이 노래방은 평일에는 손님이 고만고만했고, 주로 주말에 대각선 건너편 웨딩 홀에서 결혼식 피로연이 끝난 후에 단체로 이용하는 경우가 많았다. 그런데 내 마차가 들어서면서 대각선에서 노래방 간판이 안 보인다는 것이다. 나는 웨딩 홀 쪽으로 건너가 봤다. 웨딩 홀 쪽에서도 홈플러스 쪽에서도 노래방 간판은 잘만 보였다. 노래방 남자는 무조건 마차를 옮기라는 것이었고, 그럴 수는 없었다.

나는 현수막을 주문했다. 마차 뒤편에 노래방 현수막을 걸었다. 나름 간절한 화해의 손짓이었다. 노래방 남자는 쓸데없는 짓 하지 말라며 마차를 당장 옮기라고 소리 질렀다. 그리고 나는 노래방 현수막을 건 지 이틀 만에 현수막 단속 팀에게도 단속을 받았다. 노점은 가로정비반 담당이어서 마차에 대해서는 아무 말도 하지 않았으나 현수막을 떼라고 했다. 어쩔 수 없이 현수막은 주말에만 걸었다. 그래도 노점 단속은 계속되었다.

어떤 노력도 효과가 없자 지역장님은 1차에 함께 갔던, 지역 상인들을 좀 아는 분을 노래방으로 보내 최후통첩을 했다. 노점이 불법이어서 민원을 넣는 거라면 법대로 하자고. 노래방이 합법적으로 장사하는지 밤새 지켜보겠다고. 그 노래방은 1종 허가가 아니어서 도우미를 부르는 것은 불법이었다. 실제로 신고할 생각은 전혀 없었다. 그런 협박이 먹히기를 바랄 뿐이었다.

그다음 날 노래방 남자는 밤늦게 내 마차로 왔다. 자기 핸드폰을 꺼내 보이면서 자기가 민원을 넣지 않았다고 했다. 사장은 부인이 하고 있고, 자기는 사업을 하는데 법정 다툼이 있어서 엄청 머리가 아프다며 서류까지 주섬주섬 내게 보여 주었다. 3개월 동안 영업정지를 받아서 피해가 이만저만이 아니라며, 민원을 넣겠다고 했지만 실제로 넣지는 않았다는 것이다.

두서없이 이런저런 이야기들을 쏟아 놓는 노래방 남자는 내게 간절한 화해의 손을 내밀었다. 나는 그동안의 마음

고생과 단속으로 인한 몸 고생은 잊고 노래방 남자가 안쓰러워졌다. 그 남자를 보면서 나를 보는 것 같았다. 미안했다. 나는 미안한 마음을 전했다. 그래도 마차를 옮길 수는 없다고 했다. 최대한 피해가 가지 않도록 하겠다고 약속했다. 노래방 남자는 얼마 전까지만 해도 소리를 지르던 모습과는 전혀 딴판으로 어깨를 늘어뜨린 채 노래방으로 내려갔다.

나는 몇 주 후 사람들과 그 노래방에 갔다. 노래 부르러.

마음의 평화

모든 상점과 평화롭게 지내게 된 이후로도 단속은 계속되었다. 여전히 민원 때문이었다. 이제 더 의심할 곳도 없었다. 안경점도, 순댓국밥집도, 김밥천국도, 과일 아저씨도, 노래방 남자도 민원을 넣은 사람들일 수 있으나 그렇게는 내가 살 수가 없었다. 차라리 그냥 단속을 견디는 게 나았다.

단속은 점점 더 심해졌고 구청 단속반뿐만 아니라 경찰까지 나오던 어느 날, 나는 드디어 민원인이 누구인지 알게 되었다. 안경점 분들도 과일 아저씨도, 노래방 남자도,

경비 아저씨도, 야쿠르트 아줌마도 궁금해하게 된 그 민원인이 결국 그분들의 정보망으로 밝혀진 것이다.

민원인은 뜻밖에도 50미터는 떨어져 있는 건물의 1층 상가였다. 민원의 이유는 노점 하나가 생기면 여러 개가 생기기 때문이라고. 민원은 계속되었지만 나는 그날 발을 뻗고 행복하게 잠을 잤다. 의심의 마침표를 내가 먼저 찍어서였고, 그 믿음이 틀리지 않아서였고, 조금은 함께 사는 법을 배운 것 같아서였다.

강자와 약자
디자인 거리에 노점 딸기

투쟁이야

같이 살 수 있는 곳, 그곳이 천국이지, 뭐. 단속만 없다면 말이다. 내게 민원을 넣는 1층 가게는 하루에 열 번씩 나를 신고했다. 하루에도 두세 번씩 구청과 파출소에서 나왔고 내마차는 계고장으로 도배를 할 지경이었으며, 마차를 옮겼다가 다시 돌아왔다가 하느라 장사할 겨를도 없었다.

먼저 탐색전. 그 가게 앞에는 구두 수선대가 있다. 이거리의 '왕고'다. 구두 수선대 아저씨는 위쪽 거리에 있다가 내려왔는데 그때도 그 가게에서 민원이 장난이 아니었다고 한다. 구두 수선대는 지자체의 허가를 받고 설치하는 것임에도 막무가내였다고 한다. 음…, 역시 만만한 상대가아니다.

다음은 협상 제안. 이번에도 역시나 당사자가 나서는 건 좋지 않다고 지역장님이 그 가게 사장을 만났다. 나는 결과와 상관없이 같은 거리에서 얼굴을 마주쳐야 하는 사람이기 때문이라는 지역장님의 배려였다. 사장 이야기는 처음에는 잉어빵이라 그냥 두고 봤는데, 떡볶이로 바꾸는 걸 보니 사계절 내내 여기에서 장사를 하겠구나 했단다. 노점 하나가 늘어나면 다른 노점들도 들어올 것이므로 용납할 수 없다는 것이었다. 이유는 여기가 디자인 거리이기 때문이란다. 노점을 하라고 디자인 거리를 만든 게 아니란다. 이건 무슨 이야기이신가요.

어차피 그 가게 앞에는 구두 수선대가 있고, 주차장 진입로가 있어서 노점을 하려 해도 할 수 없는 곳이었다. 결국 그 가게 앞에 노점이 들어올까 봐 반대하는 것이 아니라 무조건 안 된다는 이야기였다. 우아하게 해결할 만한 상황이 아니었다. 그러니 이제 방어로는 버텨 내기 어렵기도 했지만, 역시나 최선의 수비는 공격이다. 그러나 나는 지역 노점 단체에 가입하지 않은 상태였다. 가깝고 친한 분들의 도움을 받을 수밖에 없었다.

전면전. 그 가게 사장이 가장 싫어하는 건 노점이 늘어

나는 거렷다. 나는 그냥 내 자리에서 마차를 지켰고, 차량으로 과일 장사를 하는 (노점 단체) 구로 지역 사무국장이 왔다. 그날 장사할 포도를 싣고. 그리고 (확성기를 단) 방송 차가 왔다. 골목의 과일 장사 아저씨에게는 민원 때문에 하루만 과일 장사를 하는 것이니 이해해 달라고 양해를 구했다. 구두 수선대 아저씨에게도 손님이 들어갈 수 있도록 통로를 만든 후 하루만 장사를 하겠다고 허락을 받았다.

마차도 필요 없었다. 포도를 바구니 30개에 담아 그 가게 현관 앞쪽 인도에 배열해 놓고 한 바구니에 3000원씩 팔았다. 방송 차에서는 투쟁가를 틀었다. 앞 가게에서 노점상을 못살게 한다고 색지에 써서 붙여 두었다. 손님이 줄을 섰다.

"무슨 일이래요? 과일 싸네."

구로 사무국장과 구로 지역장은 과일 장사가 훨씬 잘된다며 나더러 품목을 바꾸라고 농담을 했다. 우리는 과일을 판 돈으로 점심을 먹었다. 거리에 서있는 봉고차로 짜장면을 시켜 본 사람이 몇이나 있을까? 우리는 봉고차에서 짜장면을 먹었다. 노점을 하면서 처음 해보는 일들이 많아졌다.

마무리. 포도를 팔기 시작한 지 세 시간 만에 사장이 나왔다. 지역장님과 함께 가게로 들어간 사장은 각서를 써 줬다. 지역장님이 요구한 것도 아닌데 다시는 민원을 넣지 않겠다는 각서를 써주며 빨리 끝내 달라고 했단다.

평가. 지역장님은 계속되던 민원 문제를 해결한 것 같아 안도하며 돌아갔다. 구로 사무국장님은 신도림역 김밥 노점이 단속받을 때 내가 도왔던 것에 대한 보답을 했으며, 내가 빨리 자리 잡기를 바라는 마음을 전하고 구로로 장사하러 갔다. 골목의 과일 장사 아저씨는 '역시 대로변이 장사가 잘되는구나.' 했을 게다. 구두 수선대 아저씨는 1층 가게 사장이 항복한 것이 고소했을는지 모른다. 그 길을 지나가는 사람들은 싸고 맛 좋은 포도를 샀다.

1층 가게 사장은 무슨 생각을 했을까. 그 과정을 지켜보던 우리 건물 경비 아저씨와 청소 아줌마, 옆 건물 주차장 경비 아저씨와 야쿠르트 아줌마는 무슨 생각을 했을까. 나는 오늘 강자였을까, 약자였을까.

제육근

나는 1층 사장이 미웠다. 내가 약자니까. 1층 사장은 내가 미울 것이다. 사장이 생각하는 정의가 아니니까. 그리고 자신이 더는 강자가 아니니까. 그런데 말이다. 내게 소리를 지르던 노래방 남자도, 나를 미워하는 1층 가게 사장도, 단속을 나온 구청 직원까지도 내가 가졌던 만큼의 싸늘한 눈빛은 아니었다. 그들보다 내가 더 무서운 얼굴을 하고 있었다.

노점을 시작하기 전, 동료의 후배가 내 타로 점을 봐주며 말했다.

"칼을 들고 있네요. 엄청 갈등이 많은 곳에 있나 봐요. 지금 언니는 사람에 대한 따뜻한 시선을 잃었어요."

나는 늘 분노하며 살았고, 적을 규정하며 살았다. 내게 정의는 단순하고 선명한 것이었고, 그 외의 것은 적이거나 회색이었다. 나는 언제나 약자였고, 강해지고자 했지만 강한 것은 미워했다. 나는 그렇게 사람에 대한 시선을 잃어갔다. 나는 여전히 매일 지옥문을 본다. 내 안의 의심을, 내 안의 분노와 미움을, 내 안의 비관과 조소를 본다. 그것이 얼마나 스스로를 괴롭게 하는 일인 줄 모르지 않으면서도 나는 매일 지옥문 앞에 선다. 나는 저 문을 열지 않을 거야, 결코 들어가지 않을 거야, 몇 번이고 몇 번이고 문을 닫는다.

2012년 5월. 그러나 나는 여전히 칼을 들고 그 문 앞에서 서성거리고 있었다.

천국과 지옥 사이

소리 없는 홍보 전쟁

디자인 거리

내가 노점을 하고 있는 곳은 디자인 거리였다. 도대체 왜 디자인 거리인지 알 수 없는 디자인 거리. 오세훈 전 서울 시장이 디자인은 곧 비움이라고 했다던가. 아무튼 그 디자인 거리에는 아무것도 없었다. 인도 한쪽에 이곳이 디자인 거리라는 알림판만 있을 뿐이었다.

디자인 거리의 인도는 넓다. 인도의 폭도 넓지만 건물 앞 사유지 부분도 넓은 그 거리에 넙죽 주저앉은 내 마차. 처음에는 내 마차에 대한 단속만 보였으나 그곳에는 소리 없는 아우성이 있었다. 정확한 규정은 알 수 없지만 주워 들은 이야기로는 디자인 거리에서 간판이나 현수막 부착에 대한 기준이 매우 엄격한 듯했다.

안경점은 프랜차이즈에서 정한 디자인으로 유리벽과 유리벽 사이 외벽에 붉은 색깔을 넣었다가 꽤 많은 벌금을 냈다고 했다. 4층의 학원은 아예 간판이 없고 창문 안쪽에 학원 이름을 출력한 흰 종이를 붙였는데, 그것도 떼라고 한다며 학원장의 어린 아들이 투덜거렸다.

노래방 남자가 내 마차 때문에 보이지 않는다고 한 간판은 현관 위의 간판이 아니었다. 간판을 하나밖에 설치할 수 없으니 지하로 내려가는 경사로 천정에 노래방 표시를 한 것인데, 그게 잘 안 보인다는 것이었다(당연하게도 그 노래방 표시는 현관 앞에 정면으로 서지 않으면 원래 어디서도 잘 안 보인다). 그러나 이 매일의 아우성은 간판이 아니라 인도에 세워 두는 현수막(입식 배너)에 있었다.

우리 건물에서는 3층의 치과, 5층의 한의원, 그리고 6층의 학원이 입식 배너를 건물 현관 앞에 세워 둔다. 사유지 경계선까지 내놓고 세워도 될 것 같은데도(앞서 말했듯이, 노점은 인도에서 장사를 하다가 구청에서 단속을 나올 경우 사유지 부분으로 이동하면 단속을 하지 못한다) 규정상 건축선 밖으로 나오지 못하게 되어 있는지 현관에 바싹 붙여 세워 두었다. 마차에서 쳐다보면 배너들끼리 서로 나은 자리를 차지하려고 옥신각신하는 것 같았다.

저렇게 건물에 바싹 붙여 둔 배너가 얼마나 광고 효과가 있을지도 의문이지만, 이것들은 경비 아저씨에게 애물단지였다. 바람이 많은 시흥대로에서 입식 배너들은 바람만 불면 쓰러지거나 현수막이 떨어지거나 심하면 굴러다니기 일쑤이기 때문이다. 아저씨가 자리를 비울 때면 그 배너들을 관리하는 일은 내 차지였다. 6층 학원의 배너에는 계고장 스티커까지 붙어 있는데, 왠지 내 마차와 똑같은 처지라는 생각에 짠하기까지 했다. 바람 부는 날이면 내 마차도 펄럭이고, 배너도 펄럭였다. 디자인 거리에서 펄럭이는 것들은 내가 지켰다.

단속이 없는 주말이면 모든 건물의 배너들이 인도 쪽으로 나왔다. 특히 옆 건물 지하의 초밥집은 대형 공기 주입식 광고물을 세웠다. 길 건너에 대형 마트가 있다 보니 주말이 근처 상가로서는 대목이었다.

바람이 많이 불던 어느 주말 저녁, 초밥집 대형 광고물이 바람에 움직이기 시작했다. 다른 입식 배너처럼 무거운 걸 더 올려놓거나 할 수 없는 것이었다. 나는 내 마차를 동여매는 고무 끈으로 그 광고물과 건물 옆 가드레일을 묶어

두었다. 썩 괜찮은 생각이었다.

그런데 내가 마차를 접을 때까지 초밥집 장사가 끝나지 않아 아무도 나와 보지 않았다. 나는 어쩔 수 없이 조금 짧은 여분의 고무 끈으로 내 마차를 묶고 집으로 돌아갈 수밖에 없었다. 다음 날도 그다음 날도 초밥집 사장님은 고무 끈을 돌려주지 않았다. 그러나 나는 단골을 확보했고, 그 집에서 가장 맛있는 새우장 초밥도 공짜로 맛볼 수 있었다.

마차의 재발견

내 마차에 노래방 현수막을 건 이후에 우리 건물 상가에서는 눈을 반짝이며 내 마차를 바라보기 시작했다. 내 마차가 광고판 역할을 할 수 있다는 새로운 발견이었다.

제일 먼저 찾아온 사람은 우리 건물 5층의 한의원. 개업한 지 1년도 되지 않은 한의원은 주변에 '수두룩 빽빽한' 한의원들과의 경쟁에서 살아남기 위해 홍보에 열심이었다. 실장님이라는 여성분은 떡볶이를 포장해 달라며 디자인 거리의 엄격한 규제 때문에 할 수 있는 게 별로 없다는 이야기를 한참 하더니 내 마차의 옆 현수막을 바꿔 주겠다고 했다. 나는 흔쾌히 수락했고 바로 다음 날 내 마차에는 새 현수막이 붙었다.

노래방 현수막은 노래방을 광고했기 때문에 불법으로 단속을 받았지만, 한의원이 만들어 온 현수막은 노점의 메뉴를 적은 것이라서 불법 광고물 단속에 걸리지 않았다. 좀 이상한 일이지만 어쨌든 그랬다. 디자인 거리 대로변에 떡하니 위치한 내 마차의 현수막은 멀리서도 잘 보였다. 한의원은 매우 흡족해했다. 한의원은 개업 1년 기념품 그릇 세트를 주었다.

그다음 찾아온 곳은 3층 치과였다. 치과의사인 듯한 고운 남자 분은 수줍음이 많아 보였다. 나도 쓰고 필요한 사람들도 주라며 치과를 홍보하는 휴대용 화장지를 한가득 들고 왔다. 나는 그러겠노라 했다. 다음 날 간호사 언니가 내려왔다. 똑 부러지게 이야기를 전달하지 못한 치과의사 대신, 치과 홍보를 좀 해달라고 솔직하게 말했다. 원래 3층에 다른 치과가 있었고, 몇 개월 비어 있다가 지금의 치과가 들어왔는데 사람들이 아직 잘 모른다고. 그래서 현수막도 걸어 주면 좋겠다고. 하지만 마차에는 이제 걸 자리가 없었으므로 다음 차례에는 꼭 치과 현수막을 걸어 달라고 당부하고 갔다. 나는 다이소에서 휴지를 담을 수 있는 예쁜 통을 하나 사서 나무 꼬챙이 통 옆에 비치하고 손님들에게 나눠 주었다.

옆 건물에 있는 상조회에서도 왔다. 상조회에서 일할 주부 사원을 모집하는 영업 직원이었다. 그 언니는 일당이 8만 원이라며 노점보다 힘들지 않고 안정적이니 노점을 그만두고 상조회 사원을 하는 게 어떻겠냐는 이야기로 시작했다. 판촉물인 비닐장갑과 위생 백을 몇 개 들고 와서 주기도 했다. 세 번째쯤 왔을 때 그 언니는 하나씩 뜯어 갈 수 있도록 만든 광고지를 들고 와서 마차에 부착해 달라고 했다. 나는 흔쾌히 수락했다. 언니는 잊지도 않고 일주일에 한 번씩 홍보물이 줄어든 양을 체크하고 다시 채워 놓았다.

일요일 오후에는 교인들이 예배를 마치고 전도를 하러 나오는데, 주로 내 마차 앞 횡단보도를 건너는 사람들을 대상으로 했다. 나는 그분들의 짐을 맡아 주었고, 잠깐잠깐 앉을 수 있도록 의자를 내주었다.

어느 날엔가는 어떤 학생이 야학 교사를 모집하는 광고지를 들고 왔다. 이주 노동자를 위한 야학이었다. 나는 마차에 들어오면 제일 잘 보이는 메뉴판 옆에 광고지를 붙여 주었다. 오뎅 단골인 옆옆옆 건물 지하의 헬스장 총각이 야학 교사 모집 전단을 보고 헬스장 포스터를 한 장 들고 왔다. 마차 아래쪽에 붙여 주었다.

내 마차 뒤에는 커다란 배전함 같은 게 있다. 그 옆면은 각종 광고지가 붙는 단골 장소다. 배낭을 멘 사람이 와서 붙이고 가면 경비 아저씨가 떼어 낸다. 배전함 뒤에 있는 가드레일은 저녁에 누군가가 현수막을 붙여 놓고 아침에 구청에서 떼어 가는 일이 반복된다. 늦은 밤에는 예쁜 언니들의 헐벗은 사진이 들어 있는 명함들이 길거리를 나뒹군다.

아무것도 없는 듯한 디자인 거리. 그러나 그곳에서는 매일매일 치열한 홍보 전쟁이 일어난다. 생존을 위한 소박한 알림과 그들의 이야기가, 마찬가지로 그냥 버려질 수 없는 내 마차에 옹기종기 모여 붙었다. 꼭 사막 가운데 솟아난 샘물 같다. 나는 으쓱해 본다.

'디자인 거리가 아름다운 건 내 마차가 있어서야….'

꽃들에게 희망을
우리 마차의 언니들

순대 언니

매일 저녁 퇴근길에 순대를 사러 오는 여성이 있었다. 정말
매일 오다시피 하는 그 언니는 말이 별로 없었다. 늘 마차
모서리 쪽으로 조용히 다가와 "순대 하나 포장이요."가 끝
이었다. 인상 좋은 그녀에게 호기심이 생겼다. 나와 비슷한
또래로 보이는데 무슨 일을 하는 사람일까. 순대를 정말 좋
아하나 보다. 그렇지만 매일 순대라니.

　그녀는 퇴근이 꽤 늦었다. 순대가 저녁 식사는 아니겠
지. 나를 동정이라도 하는 걸까. 그래도 매일 순대라니. 술
안주인가. 별로 술 마실 것처럼 안 보이는데. 그래도 매일
순대라니…. 그저 내 상상일 뿐이었지만 나는 그녀가 혼자
살고 있으며, 순대는 하루를 마감하는 술안주일 거라고 생

각했다. 떡볶이나 튀김은 밤에 먹기 부담스러울뿐더러 술 안주로도 적합하지 않다. 오뎅도 있지만 포장된 국물을 그릇에 옮기거나 데우는 것은 귀찮은 일이다. 무엇보다 2인분을 사기에는 양이 부담스럽다.

보통 떡볶이와 튀김과 오뎅은 한 세트다. 떡볶이 1인분에 튀김 두 개를 묻혀 먹고 오뎅 하나와 국물. 튀김을 더 좋아하면 튀김 1인분을 떡볶이 국물에 묻혀 먹으며 오뎅 하나와 국물. 문제는 순대다. 여럿이야 상관없지만 혼자 먹기에는 양이 많다. 그래서 늘 떡볶이냐 순대냐는 양자택일의 문제다. 혼자 먹을 때는 말이다.

그래서 노점에는 간혹 섞어 1인분, 섞어 5000원 같은 메뉴가 있다. 혼자서 이것저것 먹고 싶은 사람을 위한 메뉴이지만, 장사가 잘되는 노점은 대부분 이런 메뉴를 두지 않는다. 귀찮고 포장도 어렵고, 단품보다 재료도 많이 들어가기 때문이다. 나는 넌지시 말했다.

"다른 거랑 섞어서 1인분도 드려요."

"괜찮아요. 순대도 많이 주지 마세요."

내가 무슨 이야기를 해도 조용히 미소만 지었다. 나도 그 언니에게 더 말을 걸지는 않았다. 그 언니가 마차 안으로 들어오면 주변 공기가 차분해지고 내 기분도 좋아졌다. 나는 순대가 다 떨어질 것 같은 날에도 그 언니 몫은 남겨 두었고, 간혹 들르지 않는 날이면 장사 마감을 조금 미루고 기다리기도 했다. 그녀가 가고 주변 공기가 원래대로 돌아오면 나는 생각했다. 그래도 매일 순대라니….

우리 건물 청소 아주머니

우리 건물을 청소하는 아주머니는 새벽 4시에 나와서 오전 11시쯤 퇴근했다. 가끔 오후까지 근무하는 날도 있었다. 출근 시간은 5시인데, 부지런한 아주머니가 더 일찍 나오는 것이었다. 8시 전에 청소를 마쳐야 하는 사무실이 있기 때문인데, 대부분 9시가 되기 전에 사무실과 계단 청소까지 마치지만 그래도 여기저기 닦으면서 11시까지 건물에 계셨다.

아주머니는 늘 내가 이해가 안 된다고 했다. 젊은 사람이 다른 일을 하지 왜 그렇게 거칠고 힘든 일을 하냐고 했다. 나는 아주머니가 좋았다. 흔히 이 계통(?)에서 일하는 분들의 레퍼토리인, "내가 돈 벌려고 하는 게 아니라 운동 삼아

하는 거다", "내가 왕년에…", "우리 자식들은…"으로 이어지는 '미담'이 없어서이기도 했고, 아주머니가 내게 건네는 시선이 따뜻해서이기도 했다.

어느 날 아주머니가 내 마차로 오더니 당신의 사정 이야기를 했다. 딸이 둘째를 출산하는데, 산후조리 기간 동안 첫째 손자도 돌보고 딸의 산후조리를 도와주어야 한다고 했다. 한 달 정도 건물 청소 일을 못하게 되어 건물주에게 그만두겠다고 했더니 한 달만 대신할 사람을 구하고 아주머니가 돌아와서 계속했으면 한다고 했단다. 결론은 내가 한 달 동안 건물 청소를 맡아 주면 안 되겠냐는 것이었다. 월급은 35만 원이었다.

할까? 혹했다. 건물 사람들과 친해질 수 있는 좋은 기회였다. 내가 우리 건물을 '우리 건물'이라고 부르듯이 건물 사람들이 내 마차를 우리 마차라고 부르지는 않더라도 왠지 나도 그 건물의 일원이 될 것 같은 기분이 들었다.

아니야, 새벽일인 걸. 자정 가까이에 집에 들어가서 새벽 3시에는 일어나야 하는데, 자신이 없었다. 게다가 잉어빵에서 떡볶이 장사로 바꾸고 나서 노동강도는 노점만 하기에도 감당하기 어려운 수준이었다.

35만 원이라. 내 생활비에 보태면 큰돈이겠지만… 계산을 해보자. 4시부터 9시까지만 한다고 치면 하루 다섯 시간, 한 달 25일. 시급 2800원이군. 최저임금 반 토막이네….

나는 결국 아주머니에게 노점 일만으로도 벅차서 건물 청소는 어려울 것 같다고 말씀드렸고, 아주머니는 조금 더 일찍 나와 청소를 하고 조금 일찍 들어가는 것으로 건물주와 타협을 봤다. 아주머니는 한 달뿐만 아니라 그 뒤로도 손주를 봐줘야 했지만, 힘들다는 내색은 전혀 하지 않았다. 그 건물 사람들에게는 아주머니나 나나 있어도 없는 것 같은 존재였을지 모른다. 그리고 우리는 또 공통점이 있었다. 서로를 보며 '왜 그리 힘들고 돈 안 되는 일을 할까?'라고 생각했다는 것이다.

보험 언니와 상조 언니

언제나 흰 블라우스에 마스카라까지 꼼꼼하게 화장을 하고 영업을 하는 보험 언니는 일주일에 한 번 정도 마차에 들렀다. 처음에는 아이 보험에 대한 기사가 적힌 종이를 내게 건네며, 아이에게 보험을 들어주는 게 정말 중요하다고 했다. 나름 내 나이를 가늠하고 계산했기 때문일 게다. 그날 보험 언니는 바로 후퇴했다. 그다음 주에는 연금에 대한 기사를 출력해서 들고 왔다. "지금 먹고살 것도 없는데 무슨 연금…"이라는 내 말에 언니는 30분 넘게 일장 연설을 했다.

보험 언니는 두꺼운 파운데이션에 마스카라까지 꼼꼼하게 화장을 한 얼굴로 여전히 내 마차에 들어섰다. 무거워 보이는 가방을 마차에 올려놓으며 작은 한숨을 한 번 쉬고, 가방에서 종이를 꺼냈다. 그리고 고개를 들며 웃는 얼굴로 내게 종이를 건넸다. 이제는 "심심할 때 보세요."가 끝이었다. 나는 시원한 물을 내놓았다. 날이 더워지고 있었다.

상조 회사 상조 도우미를 모집하는 언니는 쾌활한 편이었다. 근처에 상조 회사 건물이 있어서 주로 일을 나가며 내 마차에 들렀다. 언니가 방문하는 목적은 내 마차에 붙여 둔 상조 도우미 모집 광고물을 점검하기 위해서, 그다음은 나를 꼬시기 위해서였다.

"언니, 일당이 8만 원이야, 8만 원. 8만 원인데…"

이 언니는 늘 뭔가를 주고 갔다. 판촉물로 나온 주방용 위생 봉지며, 물티슈 같은 것들이었다. 내게 풀어 놓는 물품들도 다 영업하는 사람이 사야 한다는 걸 나는 알고 있었다. 그 언니도 내가 상조 도우미를 하지 않으리라는 것을 알았다. 그런데도 뭔가 주고 가고, 더 편하게 일하라고 권했다. 고마운 일이었다.

여성이 혼자 노점을 하는 상황은, 나와 비슷한 여성들에게 경계심을 풀게 하는 무언가가 있는 것 같았다. 신호 대기를 기다리면서 햇빛을 피해 살짝 마차 처마로 들어온 학습지 선생님은 다음 집까지 시간이 남는다며 마차에서 잠시 쉬었다. 길 건너 뷔페의 여성 직원들은 가끔 내 마차에 와서 수다를 떨었다. 우리 건물 2층 피자집의 갓 스무 살인 서빙 아가씨는 내 마차에서 연애 작업을 했다. 다양한 비정규직 여성들의 집합소랄까. 그중에서 가장 자주, 당당하게 내 마차를 지정 휴게소로 사용한 사람은 녹즙 배달 언니였다.

녹즙 언니

녹즙 배달 언니는 어느 날 불쑥 내 마차 안으로 들어왔다. 크고 씩씩한 목소리로 "어머! 못 보던 게 생겼네요. 저는 금천에서 녹즙 배달 해요." 하더니, 어깨에 둘러맨 연두색 녹즙 가방에서 샘플 하나를 꺼내어 능숙하게 가위로 자르고 작은 빨대를 꽂아 내게 건네며 웃었다. 그녀가 웃을 때는 덧니가 예쁘게 드러났다.

이렇게 시작된 그녀의 방문은 그 뒤로 꽤 잦아졌다. 새벽에는 사무실 단지 쪽에 배달을 하고, 오후가 다 되어서는 시흥동 쪽으로 차를 가지고 배달하러 나왔다. 이쪽에는 홈플러스랑 몇 군데밖에 돌릴 곳이 없어서, 사람이 있으면 영업을 뛰어 이쪽을 맡길 생각인데 광고를 보고 찾아오는 사람들은 얼마 못 버틴다고 했다. 녹즙 언니는 꾸준히 내 마차를 방문해 수다를 떨고, 사람을 소개해 달라고 하고, 나보고 배달 일을 해보라고 설득도 하며 시간을 보내다가 갔다.

그녀는 새벽 3시에 일어났다. 집이 인천이어서 금천까지 오면 4시. 그때부터 그날의 물량을 정리한다. 배달하는 언니들('웰디'라고 부른다)별로 생즙과 과채즙 등을 챙겨 각각 가방에 넣고, 그날의 배달 목록까지 넣어 차로 각 웰디들이 배달할 공간에 옮겨 놓는다.

그러고 나면 본인이 배달할 순서. 배달은 보통 오전 6

시부터 11시 30분까지 계속된다. 문에 걸어 둬도 되는 곳은 일찍 돌지만, 책상에 올려 줘야 하는 곳은 사무실 문이 열려야 들어갈 수 있기 때문이다. 그리고 간단한 점심을 지사 사무실에서 해먹고, 차에서 짧은 낮잠을 자고 난 후 남은 시흥동 물량을 돌리러 나온다.

배달을 마치고 나면 오후에는 영업을 하러 돌아다닌다. 오후 4, 5시쯤 일을 마치고 집에 가서 아들과 저녁을 먹고 9시에는 잠자리에 든다. 중학생인 아들이 자신이 잠들기만 기다렸다가 밤새 게임을 하는 것이 신경 쓰이지만 그대로 잠들고 만다.

그녀는 '돌싱'이었다. 나이 차가 많았던 남편의 사업이 부도가 난 뒤 이혼을 했고, 아들을 그녀가 키우며 녹즙을 배달하고 있었다. 좀 더 안정적인 생활을 위해 재혼을 하고 싶었고, 남자는 최소한 집 한 채는 있어야 한다는 기준을 갖고 있었지만, 그녀는 어려서 결혼했기 때문에 남편 말고는 이성을 사귀어 본 적도 없었다. 그러던 그녀가 얼마 전부터 점찍어 둔 고객이 있다며, 내게 연애 상담을 해왔다. 그도 자신에게 관심이 있는 것 같은데 그 이상 진척이 없다는 것이다.

나보다 한 살 어린 그녀는 어쩔 수 없이 강인한 생활력으로 새벽부터 고된 일을 해야 했지만, 16세 소녀처럼 재잘거렸다. 그 고객의 얼굴만 쳐다봐도 얼굴이 빨개지고, 데이트 신청은 무조건 남자가 먼저 해야 한다는 지론을 가진 그녀에게 나의 상담은 별 도움이 되지 못했지만, 그녀도 설렘과 수다를 나누는 것으로 만족하는 듯했다.

그녀는 내게 웰디를 해보라고 끊임없이 권하면서 전단지도 주고, 각종 녹즙 샘플들을 주며 나를 교육시켰다. 내 의사는 전혀 아랑곳하지 않고. 내가 전단지에 적힌 녹즙 가격을 보고 "와아, 비싸네요."라고 말했더니, 녹즙 언니가 바로 단호하게 이야기했다.

"자신이 파는 것을 비싸다고 생각해서는 절대 장사 못해요. 자기 물건에 대한 자신감이 있어야죠."

녹즙 언니의 이 말에 나는 왜 뜨끔했을까. 나는 내내 이 말을 되씹어 보았다. 나는 내 음식에 자신이 있나, 나는 나에 대해 자신이 있나.

꽃들에게 희망을

생각해 보면 내 마차를 오가는 언니들은 모두 자기 일에 자신이 있었다. 그리고 그 일을 내게 권했다. 누구 하나 고된 노동에서 예외가 없었지만 당차게 하루를 살아 내고 있었다. 그녀들에게는 그저 시원한 물 한 잔이나 작은 그늘이나 잠시의 말동무가 필요했을 뿐인지도 모른다. 그래도 내가 지켜본 그녀들은 (그리고 그녀들이 지켜본 나는) 조금씩 숨 막히고 고독하고 버거운 생활의 얼굴을 하고 있었다. 아마도 우리는 서로에게 그 얼굴을 발견하고 조금씩 위로를 보태고 있었는지도 모른다.

나는 그녀들이 모두 모여 앉은 모습을 상상해 본다. 아마 녹즙 언니랑 상조 언니가 제일 시끄러울 것이고, 보험 언니는 예의 그 모범적인 얼굴을 쉽게 풀지 않을 것이며, 제일 어른인 청소 아주머니와 말이 없는 순대 언니는 그런 모습을 지켜보며 미소 짓고 있을 게 분명하다. 그녀들이 모여 앉은 장면을 상상하는 것만으로도 마차가 환해지고 공기가 가벼워지는 것 같다.

자, 언니들, 영화의 마지막 장면처럼 다 같이 앞을 보세요. 아, 모두 웃으니 좋네요. 이제 건배를 하자고요.

우리의 아름다운 날들을 위하여!

이 밥, 저 밥, 그 밥
'밥'들이 전하는 이야기

저녁 6시가 지날 무렵의 노량진. 학원이 끝나는 시간이다. 길거리로 몰려나온 젊은이들이 여기저기 서서 밥을 먹고 있었다. 더러는 여럿이, 더러는 연인끼리, 더러는 혼자 밥을 먹고 있는 풍경에 나는 눈이 휘둥그레졌다. 이들은 컵 밥을 손에 들고 몸을 돌려, 에어컨 실외기가 달려 있는 건물 벽을 바라보며 대접 하나에 담긴 밥을 숟가락으로 먹고 있었다. 다소 기이한 이 모습을 보고 나는 10여 년 전 일이 생각났다.

밥이 아닌 밥

나는 노숙인 단체와 친분이 있었다. 사회운동을 하던 시절, 빈곤을 의제로 활동하다 보니 자연스럽게 노숙인들과 어울리는 일이 많았고, 그때 나는 간혹 아저씨들과 함께 무료 급식을 이용했다. 비 오는 날 서울역 중앙 지하 차도에서 나는 처음으로 무료 급식을 받아먹었다. 원래는 광장에서 무료 급식을 나눠 주는데 비가 와서 지하 차도로 옮긴 것이었다.

일회용 국그릇에 밥을 담는다. 콩나물국을 붓는다. 그 위에 달걀 프라이를 하나 얹고, 그 위에 김치를 얹어 일회용 수저를 꽂아 준다. 물론 달걀부침도 김치도 모두 국물에 담긴다.

내게 충격적이었던 것은 그걸 먹는 과정이었다. 아저씨들은 모두 중앙 지하 차도 벽에 바짝 붙어 쭈그리고 앉은 채 벽을 쳐다보며 식사를 했다. 지하였지만 바닥은 빗물로 젖어 있었고, 많은 사람들이 끊임없이 지하 차도를 오가고 있다. 그 양쪽 벽면에 빽빽이 쭈그리고 앉아 사람들에게 등을 돌리고 벽을 쳐다보며 식사를 하는 모습은 가히 진풍경이었다. 밥 먹는 모습을 보이고 싶지 않은 마지막 자존심. 그러나 존엄 따위는 이미 산산이 부서진 슬픈 풍경.

나도 벽을 보고 쭈그리고 앉았다. 서있을 때와도 달라서, 쭈그리고 앉는 것만으로도 기분이 묘해졌다. 숟가락을 들고 밥을 먹기 시작했다. 콩나물 국밥에 달걀 그리고 김치라는 더할 것 없는 조합이 더할 수 없이 망가져 있었다. 국은 이미 식었고, 가득 떠준 밥이 국물을 흡수해 거의 남아 있지 않았으며, 그나마 남아 있던 국물 위로 달걀 프라이의 기름기와 김치의 고춧가루가 살짝 떠다니고 있었다. 바로 코앞에 누군가가 오줌을 지려 놨을지도 모를 벽을 보며 앉아 먹는 밥. 이건 밥이지만 밥이 아니었다.

외환 위기로 인한 실업 대란. 그 뒤로 5년이 지나도록 무료 급식을 하는 곳에는 식탁과 의자가 없었다. 무료 급식은 민간이 하는 것이었고, 정부 지원금은 10원도 없었다. 누군가의 선의에서 비롯된 후원을 모아 가난한 이들에게 '밥'을 주는 일은 가능했지만, 그것이 '인간답게 먹을 수 있는 밥'인가를 고민하는 것까지는 어려웠다(지금은 무료 급식소에 천막과 식탁과 의자가 설치되어 있다. 이걸 들여놓기 위해 애쓴 사람들이 있다).

우리들의 밥

여름이었다. 아저씨들과 삼계탕을 끓여 먹기로 했다. 장을 보러 가는데 아저씨들이 삼계탕에는 도라지를 넣어야 한다고 했다.

"인삼이나 황기가 아니라 도라지를 넣어요?"

도라지란다.

"진짜요?"

진짜 도라지를 넣어야 한단다.

"왜요?"

아저씨들은 도라지를 넣는 이유를 몰랐고, 나는 알았다. 삼계탕에 인삼을 넣을 엄두를 내본 적이 없는 것이다. 그래서 인삼과 닮은 도라지를 넣어 온 것이다. 아저씨의 아버지가 그랬고, 그 아버지의 아버지도 그랬을지 모른다. 그래서 설사 인삼을 살 수 있다 해도 '삼계탕에는 도라지'가 정석처럼 굳어진 것이다.

내가 일하던 사무실은 점심에 직접 밥을 하고, 찌개는 가까운 식당에서 시켜 먹었다. 1인당 1000원씩 추렴했는데, 열 명이면 "찌개 만 원어치요."라고 주문했다. 만 원 이하는 찌개 냄비 하나가, 만 원 이상이면 찌개 냄비 두 개가 오고, 반찬이 냄비 수에 딸려 왔다. 냄비가 하나면 반찬도 한 벌, 냄비가 두 개면 반찬도 두 벌 오는 식이었다. 밥은 듬뿍 떴으나 반찬이 턱없이 부족했다. 찌개의 남은 국물 한 방울까지 싹싹 긁어 먹고도 밥이 남는 경우가 다반사였다. 나는 밥을 먹을 때마다 중얼거렸다.

"황후의 밥, 걸인의 찬에 가난한 날의 행복이 밀려들었다고라, 흥."

그나마 사무실에서는 밥이라도 챙겨 먹을 수 있었다. 집에 있는 날에는 어떻게든 한 끼만 먹고 그날을 보낼 심산으로 참을 수 있을 때까지 참다가 라면을 먹었다. 라면이 아니면 밥에 물을 말아 김치랑 먹었다. 한번은 큰 맘 먹고 편의점에 가서 즉석 밥 하나와 스팸 하나, 작은 김 하나를 집었다. 금액이 5000원 가까이 나왔다. 라면 먹자, 라면.

함께 먹는 밥

어느 날은 여의도에서 농성을 하고 있었는데, 밥 사먹을 돈이 없었다. 여의도 물가로는 김밥도 먹을 엄두가 나지 않았다. 결국 농성단에서 재료비를 지급하고, 노숙인 단체에서 밥을 해서 날랐다. 그런데 이게 참 쏠쏠한 재미가 있었다. 밥을 해 나르는 노숙인 단체 대표는 제법 요리사여서 매일

매끼 식사가 기다려졌다. 여럿이 농성장에서 함께 먹는 밥은 언제나 맛이 있었다. 그렇게 시작한 밥하기는 밥과 국과 김치로 시작해 여러 실험으로 이어졌다. 노량진 시장에서 돌게(민꽃게)를 한 망태기 사다가 간장 게장을 담그고, 밤이 되면 오뎅을 한 통 끓이거나 닭을 고아 농성장 사람들과 함께 먹었다. 나는 이때 알았다. 가난하지만 가난하지 않은 밥상이 있다는 것을.

명절에는 아저씨들과 연휴 동안 먹을 음식을 마련했다. 그나마 후원이 들어올 때는 괜찮았으나 후원이 적을 때는 적은 돈으로 여러 사람이 연휴 내내 먹을 음식을 마련하는 일이 쉽지만은 않았다. 동그랑땡에는 돼지고기 대신 후원 물품으로 들어온 캔 참치를 넣었고, 동태전 대신 고구마전을 한 소쿠리 부쳤다. 그나마도 고구마가 쌀 때의 일이지만, 고구마는 가격 대비 엄청난 양의 전으로 변신했다(물론 고구마전은 매우 맛있다. 그러나 맛있어서 고구마전을 한 게 아니라는 이야기다). 고기를 조금 사서는 큰 들통에 국을 끓였다. 풍성한 명절이었다. 약간의 융통성만 있다면 말이다.

나는 음식을 만들기 시작했다. 크리스마스이브에는 애인 없는 사람들을 모아 작은 파티를 했다. 밖에서는 쉽게 사먹지 못하는 음식, 혼자서는 먹을 수 없는 음식, 제철이라는 음식을 만들어 사람들을 불렀다. 봄에는 주꾸미 샤부샤부를 먹고, 여름에는 야외로 나가 등갈비를 구웠다. 가을에는 전어와 새우를 굽고 겨울에는 모여 김장을 했고, 크리스마스와 새해를 함께 맞았다. 밖에서 돈 주고 사먹기에는 너무 비싼 스테이크며 스파게티, 월남쌈 같은 다양한 국적의 음식을 만들어서 함께 먹었다.

　가끔 출장 음식도 했다. 장애인자립생활센터가 많아지면서 동료 상담 교육도 많아졌다. 보통 2박 3일로 진행되는 일정에서 마지막 날 저녁에는 뒤풀이가 있기 마련이다. 그런데 변함없이 언제나 항상 늘 통닭에 과자와 과일이 전부였다. 중증 장애인들에게는 음식을 선택할 수 있는 여지가 별로 없었다. 배달해 주는 (저렴한) 음식이거나 1층에 턱이 없고 입식인 식당에서 음식을 먹어야 한다. 나는 뒤풀이 음식으로 중증 장애인이 먹기 쉬운 음식들로 연어 샐러드며 육회며 순대 볶음 등을 해서 날랐다.

　나는 밥으로 말했다. 내게, 함께 먹는 밥, 나눠 먹는 밥은 말 대신이었다.

밥과 빵

아침은 토스트와 김밥의 세상이다. 마가린의 고소한 냄새, 두툼하게 만들어진 야채 달걀 패티, 빵 굽는 냄새. 케첩과 설탕까지 솔솔 뿌려 종이컵에 받아 들면 아침이 든든하다. 겨울에는 따끈한 두유, 여름에는 시원한 우유가 제격이다.

김밥 노점상들은 오전에 잠깐 장사하는 것처럼 보여도 김밥을 준비하는 시간은 꽤 오래 걸린다. 아침에 따끈한 김밥을 내놓기 위해서는 낮에는 자고 거의 밤샘 작업을 해야 한다. 밥을 하고, 속에 들어갈 재료를 만들고, 김밥을 말고, 주먹밥을 싸고…. 나는 신대방역 김밥 부부의 멸추 주먹밥을 제일 좋아한다. 이른 아침 동그란 주먹밥이 주머니에서 따뜻하다.

내가 잉어빵을 팔 때, 잉어빵으로 식사를 하는 분들이 있었다. 마차에 서서 아침인지 점심인지 모를 식사를 잉어빵으로 묵묵히 서서 먹는 아저씨. 나는 잉어빵 하나를 덤으로 더 드렸다. 떡볶이를 팔 때는 꼬마 김밥을 식사 대용으로 먹는 분들이 있었다. 세 개 1000원 하는 꼬마 김밥을 2000원어치 혹은 3000원어치 흡입하듯 먹고 총총히 떠나는 손님들. 그나마 이분들에게는 오뎅 국물이나 떡볶이 국물, 떡 몇 개라도 덤으로 제공할 수 있으니 좋았다.

경동시장 앞에는 오리알을 삶아 파는 노점이 있다. 이 오리알은 그 자리에서 바로 까먹어야 제맛이다. 오리알은 경동시장을 찾은 주머니 가벼운 어르신들에게 단백질을 제 공할 뿐만 아니라 훌륭한 안주가 되어 준다. 오리알 하나에 잔술 한 잔. 배가 뜨끈하다.

퇴근길이나 밤늦은 시간, 포장마차 우동처럼 위로가 되는 음식이 있을까. 김이 모락모락 나는 주황색 포장마차 에 앉아서 나무젓가락 비벼 탱글탱글한 우동 면발을 한 입, 국물 살살 불어 한 모금, 노란 단무지 한 입 베어 물면 하루 의 피로가 녹는다. 소주 한잔 곁들이면 금상첨화. 이럴 때 면 우동이 내게 말을 거는 것 같다.

'수고했어….'

사람들은 노점에서 허기를 메우고, 나도 노점으로 먹 고살았다. 나의 밥이 너의 밥이 되고, 네가 나를 먹이고 내 가 너를 먹이는, 밥과 밥의 고리들. 나의 노점도 그 어디쯤 에 있었다. 그 고리가 더 튼튼하고 더 인간다울 수 있다면.

응원의 밥

나도 컵 밥을 먹었다. 3000원을 내고 취향대로 주문을 한다. 먼저 입구가 넓은 일회용 국그릇에 순한 맛의 김치볶음밥이 담긴다. 이 김치볶음밥만 먹어도 맛있다. 여기에 김치볶음과 제육볶음이 올라가고 그 외에 삼겹살, 오리 훈제, 참치 마요, 불 갈비 등 선택한 메뉴가 올라간다. 그 옆으로 비엔나소시지나 스팸과 달걀 프라이를 얹고 데리야키 소스를 살짝 뿌린 뒤 김을 올리고 깨를 뿌려 내놓는다. 푸짐하다.

컵 밥을 받아 들고 보니 서서 컵 밥을 먹는 것이 이 거리의 문화였다. 싸고 맛있는 음식을 모두 즐기며 먹고 있었다. 서로 다른 토핑을 연인끼리 먹여 주며, 수다를 떨며 밥을 먹는다. 나는 그런 젊은이들을 보며 밥을 먹는다. 맛있네, 재밌네, 괜찮네….

이제 다시 내 자리로 돌아가야 했다. 내 노점의 음식을 기다리는 사람이 있을 테다. 다시 밥상을 차리자. 응원의 말보다 응원의 밥이다.

나의
노점 이야기

제3부

노점에
불이 켜지면

그 순간, 뭐랄까.

삶에 불이 들어오는 느낌이랄까?

저의 노점에도 불이 반짝하고 켜지는 느낌이랄까, 그랬어요.

어두운 거리에 따로 떨어져 있지만

노점 마차마다 불이 반짝 켜지고,

크리스마스 마을 같은 분위기가 연상되는 거요.

그래서 생각했어요.

노점상도 그곳의 사람들도 지역과 함께 '온에어' 되고 싶다고.

노점상답다는 것

물통 이야기

거리를 지나가다가 먹거리 노점이 있으면, 나는 노점의 천막을 고정하고 있는 물통을 먼저 본다. 나는 먹거리 노점상의 물통은 그 노점을 알게 해주는 거울과도 같다고 생각한다. 오래 쓴 것처럼 보이지만 잘 닦여 있으면, 매일의 고된 노동 속에서도 물통까지 깨끗이 닦는 노점상의 성실함이 보이는 듯하다.

하루에 물을 몇 통 쓰는지를 알면 그 노점의 매출을 예상할 수 있다. 오뎅 국물을 채우고, 순대를 삶고, 떡볶이를 만드는 모든 일에 물이 필요하기 때문이다. 가득 찬 물통이 줄지어 있는 노점을 보면 부러웠다. 아우, 저 집 장사 잘되나 보다.

하루 장사를 마치고 설거지와 청소를 할 때 얼마나 물을 아껴서 효율적으로 쓰는가도 노점상의 노하우다. 나는 세제 푼 물을 끓여 '도마 → 조리 도구 → 오뎅 통 칸막이 → 튀김 쟁반' 순으로 닦고, 그다음에 마차 상판을 닦고 물통을 닦고, 마지막으로 바닥을 닦았다. 헹굼은 두 번 하는데, 세제로 닦은 그릇과 집기들을 1차로 헹군 물은 떡볶이 판을 닦고, 2차로 헹군 물로는 오뎅 통을 닦은 후 떡볶이 판을 2차로 헹궜다. 물 한 통이면 탕 목욕도 할 수 있을 것 같았다.

물통은 물을 저장하는 용도 말고도 중요한 쓰임새가 있다. 마차의 천막이 펄럭이지 않도록 고정하는 것이다. 천막을 팽팽하게 당기고 각을 잡아 바람에 날리지 않도록 고정하는 물통은 든든하고 듬직하다. 아는 사람이 오면 급하게 앉을 수 있는 의자가 되며, 물통 두 개에 판자 하나를 얹으면 근사한 식탁이 된다. "주차 금지", "쓰레기 버리지 마시오" 등을 써두는 용도로 물통을 활용하는 노점도 있다. 그러나 물통의 무게는 노점의 무게이기도 하다. 매일매일 짊어져야 하는 그날의 무게다.

물통 이야기가 아니다

노점에는 수도가 없으므로 물통에 물을 받아서 사용해야 한다. 여기서 선택의 갈림길. 집에서 물을 받아 올 수도 있지만, 엘리베이터가 없는 3층이라 여차하다가는 노점을 시작하기도 전에 지칠 수 있었다. 차로 15분쯤 거리에 약수터가 있었다. 손님들에게 제공할 물도 함께 준비해야 하니 수돗물보다는 맛이 좋다고 소문난 약수터에서 물을 받기로 했다.

'장사를 마치고 저녁에 약수터에서 물을 받아 노점에 들여놓고 집에 가면 되겠다.'

아침에 나는 그날의 짐을 챙겨 차에 싣고 출근했다. 우리 건물 앞 홈플러스는 주말을 제외한 평일에는 주차비가 무료라 주차할 수 있었지만 나는 600미터 떨어진 외진 곳의 공영 주차장에 주차했다. 주차비를 내야 했지만 그래도 매우 쌌다. 주차를 하고 접이식 수레에 짐을 실어 600미터를 걸어서 마차까지 이동해야 했다. 짐이 무겁지 않더라도 저녁에 빈 물통을 싣고 차까지 가려면 수레가 필요했다. 그 닐 장사와 정리를 모두 마치고 나면 물을 뜨러 약수터에 가야 한다. 빈 물통 네 개. 무게야 새털 수준이지만 부피가 커서 세 개는 눕혀서 손수레에 묶고, 한 개는 들고 주차장까지 간다.

빈 물통을 차에 싣고 약수터까지 간다. 그러나 약수터 바로 앞에는 주차할 수 없다. 길이 비좁아 다른 차가 오면 비켜 줘야 하기 때문이다. 약수터 조금 아래 공터에 주차를 하고 물통에 물을 받는다. 약수터 앞에 물통을 두고 공터로 내려가서 차를 가지고 약수터 앞에 대고 물통을 싣는다. 물통 하나에 20킬로쯤 된다. 물 받기 초보이던 어느 날은 물통 네 개를 번쩍번쩍 들어 트렁크 안에 세워서 넣고 노점으로 돌아와 열어 보니 모두 주르르 쓰러져 있었다. 그중 하나는 뚜껑이 열려서 물이 모두 쏟아져 있었다. 트렁크에 쏟아진 물이 비상 타이어를 보관하는 곳에 가득 차 찰랑거렸다. 다시 약수터에 갔다. 차를 세우고 물을 받고, 차에 쏟아진 물을 수건으로 적셔 짜며 한 시간 가까이 빼냈다. 자정이 가까워졌다. 산 밑이라 공기는 좋았다. 별도 보였다.

며칠이 지나서야 나는 물통에 물을 입구까지 가득 채워야 물이 출렁거리지 않는다는 것을 알았다. 물이 샐까 봐 가득 채우지 않은 것이 오히려 화근이었다. 그리고 물통이 흔들리지 않도록 고정해야 했다. 여러 번 시행착오를 거쳐, 운전석을 당기고 물통 두 개를 꼼짝 못 하게 고정하고 뒷좌석 의자 위에 큰 쟁반을 올려서 수평을 맞춘 뒤 세로로 하나, 가로로 하나를 싣는, 나름의 노하우를 터득했다.

약수터에서 채운 물통은 마차에 갖다 두어야 한다. 마차에서 50미터 정도 떨어진 뒷골목에 차를 세웠다. 파란 손수레를 꺼내어 물통을 두 개씩 올려 옮겼다. 물이 꽉 찬 물통의 면은 둥그렇고 미끈하게 팽창해 있어 겹쳐 올릴 수 없으므로 묶어야 한다. 그런데 물통을 수레에 묶는 것이 처음에는 쉽지 않았다. 끈 양쪽이 갈퀴처럼 되어 있어 수레 세로 면에 걸어야 하는데 나는 이게 잘 안 됐다. 처음에는, 멀지 않으니까 묶지 않고 조심조심 간다는 것이, 마차 바로 앞 건물 경사로에서 물통이 쓰러져 버렸다. 펑 소리와 함께 물통의 물이 쏟아졌다. 아… 다시 물을 뜨러 가야 했다. 별 보러 가자.

한번은 저녁에 약수터를 다녀오지 못해 출근 전에 가야 했다. 아침의 약수터는 자정의 약수터와는 풍경이 아주 달랐다. 약수터 한쪽에 야채 아주머니가 상추며 마늘이며 파 등을 팔고 있었다. 물 받는 사람들도 많았다. 오전에 약수터를 다녀오면 시간도 많이 걸리지만 무엇보다 차가 문제였다. 밤에 잠깐 세우던 골목에도 사람들이 많아서 공영주차장에 세워 둬야 했다. 물이 가득 든 물통을 손수레로 옮겨야 했는데, 한 번에 두 개밖에 옮길 수 없어서 한 번을 더 갔다 와야 했다. 하지만 600미터였다. 물통 하나를 포기했다. 청소를 간단히 하면 물통 세 개로 그날 장사는 가능하리라 생각했다. 나는 물통 두 개는 손수레에 묶고, 하나는 들었다. 40킬로짜리 물통은 끌고, 20킬로짜리 물통은 들고 600미터를 걸어갔다. 무식하면 몸이 고생이라고 누가 그랬던가. 이날은 마차를 펴기도 전에 울고 싶어졌다.

자릿차 이야기다

물통을 쏟지 않고 차에 싣는 방법은 일주일 안에 터득했으나 물통을 마차까지 옮기는 일은 늘 피하고 싶었다. 사실 차를 가져와서 마차 앞에 세운 뒤 빈 물통을 트렁크에 싣고 가서, 물을 받아 마차 앞에 차를 세우고 물통을 내리면 끝나는 일이다(이것도 아주 쉬운 일은 아니다). 주차도 마차 바로 건너편 홈플러스에 하면 된다. 그런데도 나는 최대한 멀찍이

차를 세우고, 가능한 한 사람들이 내가 차에서 내리는 것을 보지 못하도록 노력했다. 중고차로 구입한 내 아반떼 승용차를 사람들이 보지 못하도록 기꺼이 무거운 물통을 낑낑대며 옮겼다.

　내가 자주 지나다니는 어느 아파트 단지 앞에는 야채를 바구니에 담아 파는 할머니가 있었다. 할머니는 상추며 고구마며 다듬은 야채 등을 이것저것 바닥에 늘어놓고 팔았다. 저녁 무렵 할머니가 장사를 접는 모습을 본 적이 있다. 검은색 중형차가 왔고, 남편으로 보이는 할아버지가 물건들을 트렁크에 싣고 있었다. 나는 검은색 중형차가 거슬렸다. 내가 아는데, 차가 없으면 그 물건을 어떻게 옮기며, 물건은 어떻게 떼어 오겠는가 말이다. 그런데도 그 미끈한 중형차의 검은색이 거슬렸다. 운전을 하는 할아버지나 장사를 하는 할머니나 새카맣게 탄 얼굴에 주름이 가득했고, 복장도 허름했다. 노점과는 어울리지만 검은 승용차와는 어울리지 않는 모습이었다. 생각이 여기까지 미치자 나는 화들짝 놀랐고, 부끄러웠다. 노점상은 처음부터 얼굴에 노점 한다고 쓰고 태어나나.

　어느 시민단체에서, 최저생계비로 한 달 나기 체험을

기획했는데, 이때 참여한 사람들의 가계부 내역이 기사로 난 적이 있다. 대학생 체험단 중 한 명의 가계부에 영화를 본 항목이 있었고, 또 다른 학생의 지출 목록에는 3000원을 주고 헤어 젤을 산 기록이 있었다. 이 기사 아래에 달린 댓글 중에 무시무시한 것들이 있었다. 돈이 없으면 주제에 맞게 살아야지 무슨 영화를 보고 헤어 젤을 바르냐는 것이었다.

누구보다도 나는 그런 시선을 잘 안다. 언론들은 종종 범죄자들의 인상착의를 '노숙인 차림의 복장'이라고 표현한다. 시민들 또한 장애인에 대해 시혜와 동정의 관점으로 대하다가도 자신에게 조금이라도 불편을 끼친다고 생각하면 용납하지 않는다.

나뿐만 아니라 대부분의 사람들이 그럴 것이다. 옷을 사고 신발을 사고 미장원에 갈 때 우리는 엉망인 모습으로 가지 않는다. 사람들은 겉모습으로 내 수준을 판단하기 때문이다. 싸구려 신발을 신고 가면 싸구려 신발을 권한다. 후줄근한 차림으로 옷가게에 가면 별로 관심을 받지 못한다. 그런 모습으로 미장원에 가면 그에 어울리는 머리가 되어 나온다. 이 사회는 사람들을 분류하고 규정하며 그에 걸맞게 살라고 강요한다. 가난하면 가난한 사람답게, 노점상이면 노점상답게, 주제에 맞게.

나는 최대한 '노점상답게' 보이기 위해 애썼고, 혹여나 자동차를 몰고 다니는 모습이 '노점상답지 않은 것'으로 여겨질까 봐 하지 않아도 될 고생을 자처했다.

왜 그랬냐고?

나는 동정을 받는 쪽을 택했다. 동정은 곧 묵인이고 인정이었다. 사람들은 동정할 수 있는 대상에게는 쉽게 관대해진다. 자신이 직접 시혜를 베풀지 않더라도 동정해 주는 것 자체가 미덕이 된다. 하지만 거기까지다. 동정은 자칫하면 어느 순간 '거지 근성'이라는 손가락질로 돌아오기 일쑤니까 말이다.

그러나 사람들은 노점상을 쉽게 동정하지는 않는다. 노점은 '세금도 안 내고 돈을 버는 일'이기 때문이다. 그래서 화풀이 대상으로 언제든지 신고해 버릴 수 있다는 것, 그것이 노점의 현실이었다. 결국 나의 생존권은 나를 둘러싼 사람들의 동성과 그것에서 비롯된 묵인에 달려 있었다. 그러나 나의 생존권을 지키는 것과 사람들이 보내는 동정 사이에서 균형을 잡는 것은 너무 어려웠다. 자동차가 없으면 먹거리 노점을 할 수 없다. 조금만 생각해도 당연한 일이다. 그렇게 당연한 일이 '노점상답지 않다'는 시선 앞에서는 그러면 안 되는 일이 되는 것이다.

　　노점을 하면서, 내가 예전에 옳지 않다고 생각했던 관점이 내게도 존재한다는 것을 인정해야 했다. 나는 그런 시선에 순응했으며, '노점상답기' 위해 '여성답지' 않은 괴력을 발휘해 물통을 옮겨야 했다. 그나마 다행인 것은 내 외모가 퍽 '노점상다웠다'는 것이랄까.

전기를 찾아서

여기, 노점이 있다

정전이었다. 그런데 거리는 여전히 밝았다. 나만 정전이었다. 전날 장사를 일찍 끝내서 배터리가 많이 남았을 거라 생각하고 충전을 하지 않았다. 집까지 들고 가기 귀찮았던 것이다. 그런데 배터리 수명이 다해 가는지 예상보다 일찍 방전되어 버렸다. 아직 팔아야 할 음식이 많이 남았는데 불을 밝힐 방법이 없었다. 장사를 접어야 했다. 불 꺼진 노점 안에서, 남은 음식을 싸서 여기저기 나눠 주고, 핸드폰 플래시에 의지해 마차를 정리해야 했다.

나는 잉어빵을 팔 때부터 계속 미니 배터리를 사용했다. 무게가 5킬로그램 정도 되며, 시가 잭 두 개를 꽂을 수 있는 야외용 비상 배터리였다. 이 배터리로 할 수 있는 것은 고작 시가 잭 두 개로 전구 두 개를 밝히는 것이었다. 그것도 매일 집에 들고 가서 충전을 해야 했다.

음식은 가스를 사용해 만들기 때문에 전기가 필요하지 않았지만 전기가 아쉽지 않은 것은 아니었다. 일상적으로 문제가 되는 것은 핸드폰 충전이었다. 나는 우리 건물 경비 아저씨가 계실 때는 경비실에서 충전을 하거나, 옆 건물 초밥집 입구에 있는 콘센트를 이용했다. 초밥집은 지하인데, 들어가는 입구 천정 쪽에 콘센트가 있었다. 문제는, 콘센트가 천정에 있어서 충전하는 동안 핸드폰이 매달려 있어야 한다는 것이었다. 나는 마차에 앉아 옆 건물 초밥집 입구 천정에 대롱대롱 매달려 충전이 되고 있는 내 핸드폰을 쳐다보곤 했다. 나머지는 이미 없는 것에 익숙해졌기 때문에 욕심을 부리지 않으면 된다. 선풍기나 전기난로, 작은 냉장고나 라디오 같은 것들 말이다.

노점을 이용하는 사람들은 느끼지 못하지만, 노점을 하는 사람들에게 노점은 두 부류로 나뉜다. 전기를 사용할 수 있는 노점과 그렇지 않은 노점이다. 노점은 거리에 마차를 끌고 나온 것이기 때문에 당연히 전기를 사용할 수 없다. 대다수의 노점들은 배터리를 충전해서 쓰거나, 전기가 좀 더 많이 필요할 경우 발전기를 가지고 있다. 어떤 품목이건 저녁에 불은 밝혀야 하기 때문이다. 그러나 대부분의 배터리는 매우 무겁고, 매번 충전해서 들고 다녀야 하는 불편함이 있다. 발전기는 엄청 시끄러울 뿐만 아니라 매출보다 기름값이 더 들 수 있다. 비상 상황이 아니라면 발전기를 돌릴 엄두를 내기 어렵다. 그러나 노점은 전기가 필요하고, 실제로 전기를 사용하고 있다. 다들 어떻게 전기를 얻고 있는 걸까?

오랜 기간 노점을 해온 분들은 인근 상가나 구두 수선 박스에서 돈을 내고 전기를 끌어와 사용한다. 그런데 이게 쉬운 일이 아니다. 우선 전기료가 비싸다. 전기 계량기를 따로 달 수도 없거니와, 누군가 문제를 삼을 법한 일을 흔쾌히 해줄 사람은 없다. 그래서 매우 비싼 전기료를 지불해야 한다. 한 달에 얼마 하는 식으로 금액을 정하는 경우도 있고, 전기를 대주는 집의 전기료를 모두 내는 경우도 있다. 그래도 발전기를 돌리는 기름값보다는 싸게 먹히므로 빌려주기만 한다면 감사한 마음으로 지불한다. 어쨌든 비싼 전기료를 지불할 의사가 있더라도 전기를 내주겠다는 사람이 있어야 한다. 가까운 구두 수선대나 가까운 건물 상가에서 전기를 연결해야 하는데, 그러려면 주변과 두루두루 잘 지내야 한다. 아무리 돈을 얹어 준다고 하더라도 노점에 전기를 내줄 상가는 많지 않을 테니 말이다. 나 같은 초짜야 쉽게 도전할 일이 아니지만, 오랫동안 한곳에서 노점을 해온 분들은 그렇게 주변 상가와 가판대를 통해 전기를 연결해 사용하기도 한다.

내 입장에서 신기한 것은 오히려 그다음이다. 옆쪽 가판대나 구두 수선대에서 전기를 끌어온다면 문제는 상대적으로 간단하다. 가판대와 노점 뒤쪽으로 전선을 연결하면 되기 때문이다. 그러나 상가에서 끌어오는 것은 상황이 다르다. 나뿐만 아니라 대부분의 노점은 인도를 사이에 두고 건물과 마주보고 있다. 상가로부터 전기를 연결하려면 전선이 인도를 가로질러야 하는데, 인도 바닥으로 전선이 지나가게 할 수는 없기 때문이다. 이런 경우 전선을 머리 위, 즉 허공으로 연결한다. 전봇대 등이 있으면 좀 더 편하겠지만 전선이 지중화되어 있어도 방법이 있다. 나는 다른 지역에서, 건물에서 출발한 전깃줄이 노점까지 줄줄이 연결되어 있는 것도 봤고, 100미터쯤 떨어진 곳에서 전기를 공중으로 연결한 노점도 봤다(노점상 중에는 무공이 뛰어난 사람도 있는 것 같다).

노점이 전기를 쓸 수 있는 또 다른 방법은 허가를 받는 것이다. 노점의 점용 허가를 받거나 전기 사용 허가를 받으면 가능하다. 일부 지자체들이 노점 허가제를 추진하면서 일명 '디자인 박스'라고 불리는 형태의 노점들이 생겨나고 전기를 사용할 수 있게 되었다. 사실 지자체에서 한전에 공문만 한 장 보내 주면 노점은 전기를 쓸 수 있다. 노점이 허가받았는지의 여부와 상관없이 지자체가 전기를 설치해도 좋다는 공문을 보내면 노점상이(허가제의 경우 지자체가) 전기 설치 비용을 내고 합법적으로 전기를 사용할 수 있다.

내가 노점을 하던 금천구의 경우 2007년 이전부터 노점을 한 것이 인정되는 기존 노점을 마차에서 박스로 바꾸면서 노점마다 전기가 연결되었고 계량기도 설치되었다.

노점에서 전기를 쓸 수 있느냐 없느냐는 서울에서 부산까지 고속 열차를 타느냐 완행 시외버스를 타고 가느냐의 차이만큼 크다. 나의 떡볶이 1호 선생님의 노점을 예로 들어 보자. 이 언니는 몸이 좋지 않아서 떡볶이 장사를 할 수 없게 되었다. 그래서 품목을 바꾼 것이 스낵이었는데, 전기를 사용할 수 있다는 장점을 최대한 살린 품목이었다.

우선 메인은 와플과 순대 꼬치. 전기 와플 기계 두 대로 와플을 굽는다. 순대 꼬치는 순대를 핫바처럼 젓가락에 끼워 달콤한 소스와 매운 소스 두 가지로 은근히 조려 낸 음식이다. 가스를 쓰지 않는 언니의 노점은 순대를 익히기 위해 전자레인지를 사용했다. 진공포장되어 온 순대를 전자레인지에 돌려서 익으면 이를 적당한 크기로 잘라 젓가락에 끼우고, 양념장을 부은 전기 프라이팬에 진열해 장사하면서 천천히 조리는 것이다. 전자레인지는 핫도그를 익히는 데도 사용된다. 순대 꼬치 외에 핫도그와 소시지를 파는데, 핫도그는 순대 꼬치와 함께 전기 프라이팬에, 핫도그는 손님이 주문을 하면 전자레인지에 데운다.

겨울에는 전기 오뎅 통으로 오뎅을 끓였다. 여름에는 슬러시 기계를 빌려 음료 슬러시를 판매했다. 시범적으로 들여놨지만 아주 작은 에스프레소 기계도 있었다. 그리고 무엇보다 여름에는 선풍기를, 겨울에는 전기난로를 사용할 수 있고, 모든 식자재는 냉장고에 보관했다. 물론 핸드폰 충전에 대한 걱정이 없고, 라디오를 들으면서 장사를 할 수 있다. 너무나 당연한 이런 일들이 내게는 기적 같은 일이었다(냉장고라니…). 전기를 자유롭게 쓸 수 있다는 것은 그만큼 품목의 선택이 넓어지는 것이었다.

내 마차는 인도의 커다란 배전함과 나란히 붙어 있었

다. 인도는 넓었고, 횡단보도에서 인도 쪽으로 우회전하면 내 마차 하나를 둘 만한 공간이 있고 그 옆으로 배전함이 있었다. 배전함 옆으로는 우리 건물 2층 피자집 배달 오토바이들이 죽 늘어서 있었다. 즉, 내 마차는 인도에 툭 튀어나와 있는 것이 아니라, 차도 쪽 인도에 줄지어 있는 오토바이들과 배전함 옆에 있었으며, 그 사이 넓은 인도로 사람들이 통행했다.

그런데 우리 건물 지하 노래방 아저씨와의 사건 이후 아저씨는 건물 정문 안쪽의 노래방 광고가 보일 수 있도록 살짝 옆으로 비켜 달라고 요청했다. 그렇게 하려면 내가 배전함 앞으로 움직여야 했다. 배전함 옆으로 가면 우리 건물 안경점 광고를 가리기 때문이다.

나는 마차를 배전함 앞으로 옮겼다. 앞으로 너무 튀어나오지 않도록 하다 보니 공간은 훨씬 좁아졌지만 좋은 점도 있었다. 투명 비닐로 된 천막 뒷부분으로 햇볕이 덜 들어왔고, 무엇보다 등을 기댈 수 있어서 좋았다. 우리 건물 옆옆 건물에서 넣던 민원도 해결되었고 민원과의 전쟁을 시작한 지 넉 달 만에 평화가 찾아왔다.

그리하여 오랜만에 단속 걱정 없이 장사를 해보자고 마

음먹은 날, 한전에서 배전함 점검을 나왔다. 양쪽으로 문을 열어야 하는 배전함은 내 마차를 이동하지 않으면 문을 열 수 없었다. 하루 앞을 알 수 없다. 매일매일 새로운 일이 생긴다.

나는 마차를 앞으로 밀어 배전함 문을 열 수 있도록 했고, 점검을 나온 기사분들은 한 달에 한 번씩 점검을 나온다고 했다. 나는 엄청 간절한 얼굴로 물었다.

"거기서 전기를 연결해 쓸 수는 없나요?"

배전함은 인근 건물들로 전기를 나눠 공급하는 것이어서 그런 용도가 아니라는 것과 더불어 엄청난 전자파가 나올 수도 있는데 왜 그 앞에서 장사를 하냐는 우려 섞인 얘기가 돌아왔다. 엄청난 양의 전기를 공급하는 배전함이 바로 내 등 뒤에 있어도 나는 전기를 사용할 수 없었다. 전기가 존재한다는 것과 그것을 사용할 수 있느냐 하는 것은 완전히 다른 문제였다. 내가 전기료를 지불할 능력이 없어서라기보다 내 노점의 존재를 인정받지 못해서 그렇다.

배터리가 나가 정전이 된 마차에서 하루 장사를 마친다. 청소를 하고, 천막을 떼고, 짐을 마차에 올려 두고, 덮개를 덮고, 고무 끈으로 묶고 나서 가장 마지막에 하는 일이 불을 끄는 것이다. 오늘은 이 일이 없다. 꺼진 전등과 연결된 시가 잭 두 개를 빼서 전구는 찬장에 넣어 잠그고, 배터리는 물통과 함께 챙겨서 간다. 오늘 시흥 디자인 거리에서 내 존재는 조금 일찍 사라졌다. 어둑해진 마차 밖은 시흥대로를 오가는 차량의 불빛과 휘영청 밝은 건물과 상가들의 네온사인으로 눈부셨다. 서로 더 밝겠다고 빛을 뿜어댔다. 더 밝지 않으면 낙오된다는 절박함이 불빛마다 가득했다.

어떻게 해야 전기를 얻을 수 있을까 생각해 본다. 이 거리의 노점으로 인정받기 위해 먼저 주변 건물 분들과 잘 지내서 전기를 사용하라는 허락을 받고, 그리고… 무공을 좀 더 익혀 전깃줄을 연결하는 것. 사람과 연결되어야 전깃줄도 연결된다.

남철 씨, 남철 씨, 우리 남철 씨

노점상의 의리

남철 씨가 있는 풍경

"아줌마 남편은 뭐 하는 사람이야?"

야쿠르트 아줌마가 궁금함을 참지 못하고 내게 물었다. 야쿠르트 아줌마가 '남편'이라고 한 사람은 다른 구에서 노점을 하는 남철 씨였다. 남철 씨는 내가 금천 사거리에서 잉어빵 노점을 처음 시작한 날부터 노점을 그만두던 날까지 거의 매일 내 자리로 와서 마차 옆에 앉아 있거나 주변에서 서성이다가 자기 장사를 하러 갔다. 그러니 남철 씨가 누군지, 남편이 아니라는 걸 굳이 이야기해 주기 전에는 남편이라고 생각하는 것도 무리가 아니었다.

"아줌마 남편은 뭐 하는 사람이야?"

야쿠르트 아줌마의 질문은 남편인지 아닌지가 궁금한 게 아니었다. 뭐 하는 놈팡이이기에 매일 아무것도 안 하고 옆에서 지키고만 앉아 있는지가 궁금한 것이고, 인상은 동네 반(건)달 정도는 되어 보여 주변 분위기를 험악하게 만들고 있으니 두려움 반, 호기심 반인데, 결국 호기심이 승리해 나온 질문이었을 게다.

키가 크고 바짝 마른 남철 씨. 체구만 보면 호리호리해서 전혀 위협적이지 않으나, 그의 인상을 좌우하는 것은 언제나 박박 민 머리와 그 땜빵들, 그리고 '덤빌 테면 덤벼 봐라. 나는 한 놈만 팬다'는 메시지를 가득 담은 얼굴과 표정이었다. 말을 하지 않고 있어도 별로 말을 걸고 싶지 않은 인상인데, 말을 하기 시작하면 그는 더욱 거친 '싸나이'가 된다. 그는 말을 길게 하지 않았다. 하지만 무슨 말을 하든 싸움을 걸 듯 한다. 그의 말은 토씨가 죄다 욕이다.

그는 매일 유리병에 든 커피를 두 개 사와서 하나를 내게 건네고는, 마차 옆에 의자를 가져다 놓고 연신 담배를 피워 대면서 다 마신 자신의 커피 병에 담배꽁초를 가득 채우다가 오후 3시 30분이 되면 자리를 떴다. 그가 내 마차 옆에서, 그것이 단속이건 주변 사람들과의 시비이건 다 막아

내겠다는 의지를 얼굴로 불태우며 긴 다리를 꼬고 앉아 담배를 연신 피우는 풍경은 그 시간대 그 거리의 고정 그림이 되었다(나는 한적한 마차 안에서 가끔 남철 씨가 없으면 장사가 더 잘되지 않을까 생각하곤 했다).

오빠 노점 스타일

남철 씨는 지하철역과 백화점을 잇는 육교 위에서 핸드폰 케이스 장사를 했다. 육교의 폭 자체가 그리 넓지 않은 데다가 중간에 통행 분리대까지 있어서 장사를 할 만한 공간이 아주 좁았다. 폭이 30센티미터 정도인 나무 책상을 길게 깔아 상품을 진열하고, 책상과 책상 사이에 등받이 없는 의자를 두어 거기에 앉았다. 그래야 통행에 불편이 없었다. 그는 이 자리에서 노점을 하기 위해 1년 반을 책상 위에서 잤다고 했다. 1년 반이 넘도록 단속을 견디며 버틴 것이다.

그는 좀 늦은 아침에 일어나 밥을 먹고 씻고 내 마차로 왔다. 오전부터 오후 4시까지는 부인이 장사를 했다. 오후 4시부터 장사를 접는 오후 10시까지가 그가 담당하는 시간이었다. 장사를 하는 동안에 그는 무료함을 달래기 위해 무협 소설을 읽었다. 장사를 마치고 집에 가면 밤 11시. 그 제야 저녁을 먹고 새벽까지 텔레비전을 보다가 거실에서 잠을 잤다. 이것이 그의 일과였다. 일주일에 한 번 정도 핸드폰 케이스 도매 상가에 가는 날은 우리 마차에 못 오는 날이었다. 그는 365일 하루도 쉬지 않고 장사를 했다. 명절도 여름휴가도 없었다. 비가 오나 눈이 오나, 육교에 캐노피가 설치되어 있어서 날씨에 관계없이 장사를 했다. 만약 장사를 쉬는 날이 있다면 그가 매우 아픈 날이었다. 그런데 그런 날은 거의 없었다.

남철 씨는 젊었을 때는 직장도 좀 다녔고, 사업도 좀 했었다는 것 같았다. 그러다가 말 꼬리(경마)를 잡으면서 폭삭 망했다는 듯하고, 한때 엄청 뜨겁게 연애도 했으나 지금의 그는 장사에만 집중하는 노점상이었으며, 하나 있는 아들을 엄청 아끼는 아들 바보였다. 그는 골초이지만 술은 입에도 대지 않았다. 취미 생활도 없었다. 하물며 핸드폰 게임도 하지 않았다. 쉬지도 않고 장사를 하니 놀러 갈 시간도 없지만, 장사 말고는 집 밖에 나가는 걸 좋아하지도 않았다. 말투도 거칠고 짧았지만, 입도 짧았다. 부인이 해준 김치 외에는 먹지 않으며, 밖에서 음식을 거의 먹지 않았다.

그는 자신이 장사하는 구의 노점 단체의 장이었다. 보통 '지역장'이라고 부른다. 내가 노점을 할 때는 내 마차에 와있는 것이 장사하기 전의 일과였으나, 그 전에는 지역 혹은 다른 노점상에 어려운 일이 있으면 힘을 보태는 데 열심이었다. 다른 노점상이 단속을 받으면 함께 지키고 용역반과 싸움도 했다. 자기 지역에서 노동자들이 파업을 하거나 해고되는 등의 일이 있어도 그는 달려갔다. 언뜻 보면 그는 꽤 진보적이고 정의로운 사람이었다. 지역장이지만 어디 가서 마이크를 잡고 이야기하는 일은 절대 없었다. 그는 싸움 담당이었다. 그의 몸싸움을 본 사람은 거의 없지만 일단 큰 키와 험악한 인상과, 품위라고는 하나도 없는 말투로 시비를 걸기 시작하면 열 중 아홉은 초장에 꼬리를 내렸다.

　　그는 자기 구의 용역업체 반장과 친했다. 자기는 밖에서 밥 먹는 걸 싫어하면서 용역반장에게 자주 밥을 샀다. 두 사람은 서로 형님 아우 하며 지냈다. 노점을 단속하는 용역반장과 어떻게 친하게 지낼 수 있는지 언뜻 이상해 보이지만, 그에게는 노점상을 위한 처세이므로 언제나 당당했다.

　　"나는 노점 하려고 다른 사람들과 연대도 해요. 노점상에게 노점 하는 거 말고 중요한 게 뭐가 있겠어요. 운동권들다 팔자 편한 사람들이지."

그는 뼛속까지 노점상이었다. 그런 '싸나이'였다. 그런데 말이다. 뼛속까지 노점상이라고 모두 그와 같지는 않다.

의리의 싸나이

그와 나의 인연은 내가 노점을 하기 바로 전해에 그의 싸움에 관계되면서였다. 그의 지역에서 노점상 한 분이 쫓겨날 상황에 처했는데, 그 노점상은 지하철역 입구에서 새벽부터 출근 시간인 9시 무렵까지 김밥을 팔고 있었다. 마차가 있는 것도 아니고, (우리가 출근길에 종종 볼 수 있는) 밤새 만든 김밥과 주먹밥을 스티로폼 박스에 넣고 파는 분이었다. 그런데 그 지하철역 출입구에 대형 백화점이 들어서면서 기업이 자신의 땅이라며 경비 용역을 동원해 그 잠깐의 노점을 못 하게 막아선 것이다(백화점이 문을 열기 전에 장사를 마치고 가는데도 말이다). 아무튼 우리의 남철 씨는 그 지역의 지역장이었다. 그 지역은 노점상 회원이 열 명도 되지 않는 작은 곳이었고, 대기업과 싸우기 위해서는 누군가의 도움이 필요했다. 정확히 보지는 못했지만 남철 씨의 싸움의 기술이라든가, 그가 좋아하는 무협지의 무공과 내공 같은 것으로 싸울 만한 상대가 아니었다.

그때 나는 정당에서 일하고 있었고, 내가 모을 수 있는 모든 인맥과 단체를 동원해 어찌어찌 결국 백화점이 물러서게 되었다. 그의 말로는 이 과정을 지켜본 구청이 그 뒤로 태도가 달라졌다고 했다. 이 사건이 계기가 되어, 내가 노점을 시작한다는 것을 알고 지역이 다른데도 그는 매일 내 마차로 출근했던 것이다.

그의 성의는 출근 말고도 곳곳에서 드러났다. 내가 잉어빵을 시작했을 때, 자신의 지역에서 잉어빵을 가장 맛있게 하는 분을 불러 나를 가르쳤고, 내 떡볶이 2호 선생님은 그의 지역에서 떡볶이를 제일 맛있게 한다는 노점상이었다. 중간에 잠시 옥수수를 팔 때도 안산에서 제일 잘나가는 옥수수 노점상을 불러 옥수수 삶는 법을 알려 주었으며, 민원 때문에 내가 고생할 때 민원의 출처를 알고 나서 그 앞에서 하루 과일 장사를 벌인 것도 그가 데려온 과일 노점이었다. 내가 떡볶이를 팔다가 핸드폰 케이스로 업종을 바꾼 것도 그의 도움을 받아서였으며, 단속을 받아 3개월 동안 마차를 밤새도록 지킬 때는 자기 장사를 마치고 자정에 와서 새벽까지 마차 옆에 돗자리를 깔고 앉아 담배를 피워 댄 것도 남철 씨였다.

내게 그는 (『신부님 우리들의 신부님』에 나오는) 돈 카밀로 같은 존재였다. 가난의 세계에서는 내가 살기 위해 어제의 적이 오늘의 동지가 되는 일이 다반사다. 그런데 말이다. 역설적이게도 그래서 이 바닥에서는 '의리'만이 중요하다. 생존을 위한 치열한 전투가 매일 벌어지는 이곳에서 자기 방식대로 '의리를 지키는 것'은 이들에게 마지막 남은 자존심 같은 것이다. 그는 의리의 사나이다.

똑도리도마쎔

내가 떡볶이 노점을 하고 있던 어느 날, 드디어 남철 씨의 무공과 내공을 볼 기회가 생겼다. 그날도 남철 씨는 마차 천막 옆에 앉아 담배를 피우고 있었다. 머리를 길게 기르고 벙거지 모자를 쓴 남자가 내 마차 안으로 들어왔다. 오랫동안 땀에 찌든 고약한 냄새가 마차를 가득 채웠다. 얼굴의 절반이 수염으로 가려진 그 남자는 노숙인이었다. 한쪽에 살림의 전부로 보이는 큰 가방을 들고 있었다. 남철 씨가 심상

치 않은 분위기를 눈치채고 마차로 들어왔다.

"너 뭐야, 새꺄. 꺼져!"

"그냥 두세요."

나는 남철 씨를 말리면서 그 아저씨에게 오뎅을 하나 내밀었고, 종이컵에 국물도 가득 부어 주었다. 남철 씨는 당장이라도 후려칠 기세로 마차 입구에 서있었다. 오뎅을 질겅거리며 먹던 아저씨가 비죽비죽 웃으며 나를 보더니,

"아줌마 몸도 파나? 흐흐흐."

"뭐라고요?"

내가 부르짖듯 말하며 남철 씨를 쳐다봤다.

"이 미친 노무 새끼, (욕, 욕, 욕, 욕…) 나와! 이 새꺄!"

남철 씨는 긴 팔로 그 아저씨의 멱살을 거머쥐었다. 내 마차 앞 넓디넓은 인도에서 난투극이 벌어질… 줄 알았다. 그런데 그 노숙인 아저씨가 남철 씨의 멱살을 거머쥐더니 내동댕이쳐 버렸다. 남철 씨는 인도에 굴렀고, 옷도 찢어졌다. 싸움 구경을 나온 무적의 경비 아저씨가 아저씨를 내쫓았고, 그 아저씨는 키득거리며 유유히 사라졌다. 긴 머리와 수염에 가려져 몰랐지만 그는 꽤 젊은 사람이었다.

"우~와~우와~우~와~"로 시작하는 〈퀴즈탐험 신비의

세계〉 주제곡이 깔릴 때 나오는 목도리도마뱀의 '위엄'은 단연 압권이다. 위협을 받았을 때 목에 있는 주름을 활짝 펴서 몸짓을 커보이게 하며 뒷다리로 달리면서 상대에게 위협을 가하는 것이다. 목도리도마뱀에게는 비장한 순간이겠으나 그 모습이 우스꽝스럽고 귀엽고, 그렇다. 그렇게 해도 상대가 겁을 먹지 않으면 바로 내빼는 것으로 알려져 있다. 하지만 위협을 하다가 상대가 물러서지 않으면 상대를 물기도 한단다. 싸움의 결과는 모른다.

다음 날도 어김없이 남철 씨는 마차로 출근했다. 나는 튀김을 튀기며, 천막 옆에 긴 다리를 꼬고 앉아 담배를 뻑뻑 피우고 있을 그를 생각한다. 사랑스러운 남철 씨.

웰컴 투 공산품 월드

도전! 핸드폰 케이스 노점

뜨거운 여름이 지나고 바람이 선선해질 즈음, 나는 떡볶이 노점을 접고 핸드폰 케이스로 품목을 바꾸기로 했다. 연둣빛이 고운 노점 박스가 저렴하게 나왔다고 해서 마차에서 박스 노점으로 바꾸며 품목도 바꾸기로 한 것. 핸드폰 케이스에 대해 가장 잘 아는 남철 씨를 믿고 시작해 보기로 했다. 지역 라디오 프로그램을 시작하면서, 옴짝달싹할 수 없는 먹거리 대신, 필요하면 문을 닫고 볼일을 볼 수 있는 공산품 노점이 적합하다는 생각도 있었다. 그렇게 나는 공산품의 세계에 발을 내딛었다.

미션 1 누구에게 팔 것인가

내 노점 바로 옆으로 횡단보도가 있었다. 횡단보도를 건너

192

면 홈플러스였다. 홈플러스에도 핸드폰 케이스 매장이 있었다. 그곳에 가보니 앵그리버드 등 유행하는 캐릭터 케이스, 아이폰을 위한 다양한 소재의 케이스, 중·장년층을 위한 고급 가죽 소재의 케이스 등 다양한 디자인과 종류의 케이스를 구비하고 있었다. 나는 그럴 수 없었다. 아마도 나의 주 고객은 인터넷 쇼핑에 익숙하지 않은 중·장년층일 것이고, 내 노점에서는 신용카드 결제가 불가능하니 현금으로 사기에 부담이 없는 가격대에 한정되어야 했다. 노점 바로 옆이 횡단보도라는 것은 신호를 기다리는 동안 시선을 사로잡을 시간이 확보된다는 장점이 있었다. 그 장점을 최대한 살려야 했다.

미션 2 어떤 핸드폰 케이스를 팔 것인가

남철 씨를 따라 핸드폰 케이스 도매시장에 갔다. 1차로 구비해야 할 목록은 남철 씨가 정해 줬다. 남철 씨가 이용하는 도매시장은 크게 두 곳이었다. 한 곳은 남대문시장이고, 다른 한 곳은 영등포 유통 상가였다. 남대문시장은 저렴하지만 디자인이 다양하지 않고, 소량 구매가 어렵다. 반면 영등포 유통 상가는 상가별로 다양한 디자인과 가격대의 핸드폰 케이스가 구비되어 있고, 도매와 소매를 겸한다. 당연히 도매가는 훨씬 저렴하다. 몇몇 가게와 계약을 맺으면 소량도 구매할 수 있다. 나는 대부분 영등포 유통 상가를 이용했다. 세상에나, 예쁜 케이스가 너무 많았다. 그리고 너무 쌌다. 다 사고 싶었다. 쇼핑 나온 듯 "이것도 예쁘지 않아요?"라고 묻는 내 말에 남철 씨는 대꾸도 하지 않고, 미리 적어 온 목록의 케이스들을 빠르게 담았다. 남철 씨가 담는 케이스는 내 눈에는 예쁘지 않았다. 가장 저렴한 젤 타입 케이스와 인조 가죽으로 만든, 딱 보기에도 고급진 것과 거리가 먼 카드 지갑형 케이스들, 특히 번쩍번쩍 싸구려 구슬이 잔뜩 달린 것들이나, 별 디자인이 없는 칙칙한 색들의 케이스들을 마구 담았다. 유행을 타는 건 안 팔린단다. 젊은이들이 좋아할 만한 것은 모두 인터넷에서 사기 때문에 진열해 봐야 재고가 될 가능성이 크다고.

아무리 노점이지만 진열대를 모두 채울 만큼 케이스를 사야 한다. 일단 100개 가까이를 사야 한다. 핸드폰 케이스는 기종별로 모양이 다 다르기 때문에 제조사별·기종별로 몇 개씩 살지를 판단하고 구매해야 한다. 모두 동일한 개수를 사는 게 아니다. 아이폰 계열은 가장 최소한만 산다. 내 주 고객의 선호 기종이 아니다. 갤럭시 계열의 경우 최신 기종의 전용 케이스는 소량이지만 반드시 구비한다. 가격 경쟁력이 있어서다. 다른 제조사의 최신 기종은 저렴한 가격대를 주로 산다. 그러나 대부분 최신보다 한 단계 아래 기종을 중심으로 사고, 이제 거의 팔리지 않을 구형 기종의 케이스들도 산다. 내 고객은 새 핸드폰보다는 쓰고 있던 핸드폰의 케이스가 닳았을 때 교체용으로 구매할 가능성이 더 크다. 그러나 구형 기종 케이스는 안 팔리면 바로 재고가 된다. 신중하게 선택해야 했다.

미션 3 얼마에 팔 것인가

떡볶이 1인분의 가격을 정하는 것은 어려운 일이 아니다. 대부분의 노점이 동일한 가격으로 판매하고 있고, 지역과 노점에 따라 양을 조절하거나, 쌀떡이냐 밀떡이냐에 따라 약간의 차이가 있을 뿐 가격은 거의 고정적이다. 그러나 공산품은 이야기가 다르다. 가격을 정하는 일은 매우 중요하다. 나는 구로 지역장님이 정해 주는 가격을 가격표 부착기로 착착 붙이기만 했지만, 이 금액이 어떻게 정해지는지 그 근거가 너무나 궁금했다. 왜냐하면 원가에 동일한 배율을 적용해 금액을 정하는 게 아니었기 때문이다. 원가가 3000원인 A 케이스는 1만 5000원, 원가가 5000원인 B 케이스도 1만 5000원. 원가가 같은데 가격을 다르게 매기기도 하고, 원가가 비쌀수록 이문이 적게 남도록 가격을 매겼다. 원가 1만 8000원 케이스의 가격은 2만 3000원, 이런 식이다. 왜 그럴까?

나의 선생님인 남철 씨는 이 분야에서는 전문가이며, 자기 철학이 확고한 노점상이다. 그가 말한 근거는 이랬다. 우선 주력 상품을 정해야 한다. 비슷한 퀄리티의 케이스가 있다고 할 때 그중에서 원가가 더 저렴한 상품이 주력 상품이 된다. 현금으로 지불하기에 부담 없는 가격은 2만 원 미만이다. 그러나 2만 원과 1만 5000원의 차이는 크다. 원가가 다르더라도 1만 5000원 수준에서 가격을 책정하고, 색상별로 다양하게 다량으로 구비해 주력 상품으로 미는 것이다. 기성 매장에 없는 구형 케이스는 오히려 조금 더 받아도 된다. 희소성 때문이다. 최신 기종의 정품 케이스는 기성 매장보다 약간 낮춰 가격을 책정한다. 꼭 그 케이스를 사야 하는 사람들을 위한 것이다.

둘째, 기성 매장의 가격보다 저렴하되, 시장가격을 해치는 수준이어서는 안 된다. 먹거리나 농산품, 양말 같은 다른 공산품과는 다르다는 것이다. 대부분의 사람들은 노점이, 같은 품질의 상품을 더 싸게 판다고 생각하지 않는다. 그보다는, 노점에서 상대적으로 낮은 질의 상품을 저렴하게 살 수 있다고 생각한다. 사실이기도 하다. 그러나 핸드폰 케이스는 같은 공장에서 만들어져 도매시장에서 유통되는 것이기 때문에 품질에 차이가 없다. 같은 물건인 셈이다. 그런데 노점에서 가격을 너무 낮게 책정해 버리면 기성 매장에 위협이 되고, 이는 바로 노점을 위협하게 된다는 것이다. 노점은 임대료도 내지 않는데 기성 매장보다 당연히 싸야 하는 것 아니냐고 생각할 수 있다. 그것도 맞는 말이다. 그러나 이문을 더 많이 남기기 위해서라기보다는 기성 매장과 공존하기 위한 절묘한 가격대가 있다는 것이다.

어느 날 다른 지역의 노점상 한 분과 이야기를 나눈 적이 있었다. 이 노점상은 지인이 운영하는 공장에서 제조원가로 물건을 받아 와 시장가격의 절반도 안 되는 가격으로 팔려고 한다며 신나서 계획을 이야기했다. 이야기를 듣고 있던 남철 씨가 그러지 말라고 했다. 그 노점상은 뭐가 문제냐며 대들었고, 두 사람은 투덕투덕 말을 주고받다가 결국에는 언성을 높이며 싸웠다. 그는 "네가 무슨 공자냐!"며 재수 없다고 했고, 남철 씨는 눈앞의 이익만 좇다가 다 같이 망하는 길이라며 화를 냈다. 한 개인의 장사이지만 그 개인만의 장사는 아니라는 것이었다. 남철 씨가 정해 준 핸드폰 케이스의 판매 가격은 '원가+재고+인건비+운영비+이윤' 등으로 정해지는 것이 아니었다. 그렇지만 난 마음에 들었다.

미션 4 기종 외우기

핸드폰 케이스를 팔려면 핸드폰의 기종을 알아야 한다. 젊은 사람들이야 자기 핸드폰 기종이 뭔지 대부분 알고 있으나 고령으로 갈수록 모르는 경우가 태반이다. 손님이 핸드폰을 보여 주면 나는 그 기종에 맞는 케이스를 추천해야 한다. 이 업계에 막 발을 들인 나로서는 모든 핸드폰이 비슷해 보였다. 가장 간단한 방법은 핸드폰 뒷면에 달린 카메라 모양을 보고 기종을 파악하는 것이다. 단번에 알 수 없을 때에는 핸드폰의 설정에서 모델명을 확인해야 한다. 명색이 핸드폰 케이스를 파는 사람이 설정을 보겠다고 핸드폰을 달라는 것도 모양이 빠지지만, 아무리 눈앞에 있어도 손님이 자기 핸드폰을 보여 주는 게 쉬운 일은 아니다.

공부를 해보려고 했지만 모든 기종의 핸드폰을 직접 볼 수 있는 것도 아니어서 쉽지가 않았다. 장사를 시작하면서 걱정이 태산이었으나, 이 문제는 의외로 수월하게 해결되었다. 시간이 너무 많기 때문이다. 떡볶이 장사는 몸을 계속 움직여야 했지만, 케이스 장사는 손님이 올 때까지 할 일이 없었다. 공부할 시간은 충분했다.

미션 5 액정 필름 붙이는 법 익히기

핸드폰 케이스를 파는 노점에서는 케이스보다 액정 필름이 더 많이 나간다. 기성 매장보다 저렴하게 살 수 있으며, 인터넷 매장은 해주지 않는 서비스, 즉 핸드폰에 필름을 붙여주기 때문이다. 그러므로 액정 필름을 잘 붙일 수 있어야 한다.

나는 청년 시절부터 약간의 손 떨림 증세가 있었다. 손가락이 길어서일 수도, 손을 많이 써서일 수도, 소소한 병증일 수도 있다. 내게 거의 불가능에 가까운 일은 아이라인을 그리는 것이었고, 가끔 손 떨림이 심할 때면 숟가락질도 어려웠다. 국물을 뜨려고 수저를 드는데 손이 부들부들 떨려서 왼손으로는 숟가락질을 하며, 오른손으로 젓가락을 잡고 수저 아래를 받쳐서 먹을 때도 있었다. 그런데 정교하게 위아래를 맞추면서, 공기가 들어가지 않도록 밀착해 붙여야 하는 액정 필름은 난이도 최상의 과제였다.

판매하는 액정 필름은 봉투 하나에 필름 두 장이 들어 있다. 하나는 핸드폰에 붙여 주고, 다른 하나는 손님이 가져가도록 한다. 손님이 필름을 사면 나는 박스 안쪽에서 필름을 붙인다. 안경 닦는 천으로 액정을 먼지 하나 없이 깨끗하게 닦고, 필름에 지문이 묻지 않도록 윗부분만 조심스레 떼어 맨 위 라인을 맞춘 뒤, 스티커의 뒷면을 천천히 밀어 내며 천으로 위쪽을 문질러 공기가 들어가지 않도록 붙인다. 처음에는 아무리 조심해도 공기가 들어가 망치는 게 다반사였다. 망친 필름은 버리고 새로 붙여야 한다. 나는 새로운 필름 봉투를 뜯어 다시 필름을 붙이고, 손님이 가져갈 필름을 한 장 내준다. 필름 하나를 팔면 필름 하나를 더 썼다. 하나 가격에 두 개가 소비되는 것이다. 공기구멍 없이 필름을 붙일 수 있게 된 후에도 문제는 있었다. 내 몸 어디엔가 붙어 있던 고양이 털이 귀신같이 액정과 필름 사이로 들어갔다. 필름을 팔아도 남는 건 별로 없을 것 같았다.

미션 6 재고 관리하기

핸드폰 케이스와 액정 필름이 주력 상품이었지만, 나는 추가로 이어폰을 팔기로 했다. 이어폰은 위탁판매, 즉 진열할 이어폰을 이어폰 업체가 가져오고 판매된 만큼 내가 대금을 지불하는 방식이었다. 저가 중심이었고 이윤도 적었지만 좀 더 다양한 고객을 대상으로 할 수 있다는 것과, 재고가 생기지 않는다는 장점이 있었다.

재고는 가장 큰 부담이었다. 모든 케이스를 이미 돈을 주고 구매해 온 것이므로, 팔리지 않으면 재고가 된다. 핸드폰 기종은 계속 바뀌고, 그때마다 기종에 맞는 케이스를 구비해야 한다. 구형 기종 케이스를 찾는 사람들을 위해 준비했지만 팔리지 않아 지고로 쌓여 가는 케이스는 대부분 폐기해야 할지도 모른다. 팔리는 것보다 사야 하는 케이스가 더 많아져도 어쩔 수 없다. 그래서 공산품의 판매 가격에는 이런 재고 리스크까지 들어 있다. 내게 재고관리란 신중에 신중을 기해, 판매할 상품을 들여놓는 것, 그 방법 외에는 없었다.

미션 7 새로운 민원에 대응하기

민원이 들어왔다며 구청에서 단속을 나왔다. 내 주변의 상가들과는 그럭저럭 잘 지내고 있었고, 냄새 풍기는 음식 마차 노점에서 깔끔한 핸드폰 케이스 박스 노점으로 바뀌었는데 누가 민원을 넣었을까. 주변 분들의 정보망으로 알게 된 새로운 민원인은 내 노점과 150미터도 더 떨어진, 다음 횡단보도 앞 액세서리 가게 사장이었다. 그곳을 찾아갔다. 주로는 머리끈과 핀, 스카프와 반지, 목걸이 등을 파는 작은 가게였고, 벽 한쪽에 아주 소박한 핸드폰 케이스 진열대가 있었다.

　나는 사정했다. 품목이 같아서라고 하기에는 충분히 멀리 떨어져 있다고, 이쪽 횡단보도를 이용하는 사람과 내 옆 횡단보도를 이용하는 사람은 완전 다르다고, 홈플러스 안에 있는 매장이라면 몰라도 여기서 민원을 넣는 건 너무한 것 아니냐고, 하물며 여기는 액세서리가 주요 상품이지 않냐고. 그 사장은 온순한 분이었다. 내 사정을 듣고는 앞으로 민원을 넣지 않겠다고 했다. 다만 자신은 이 작은 가게의 월세가 200만 원이 넘는다며, 내게 화풀이할 게 아니라는 걸 자신도 알지만 손님이 없으면 왠지 내 노점 때문인 것 같아서 그랬다고, 이해하라고 했다.

할 말이 없었다. 파는 것보다 사들여야 하는 게 더 많다는 푸념은 배부른 소리였다. 나는 그 사장님에게 진심으로 고맙다는 인사를 했고, 마음속으로는 더 큰 응원을 했다. 이 세계는 누구에게나 쉽지 않다.

노점상의 온에어☆

♬ 시그널 뮤직
▷ 오프닝 멘트

캠핑을 하면 소리에 집중하게 됩니다. 해 뜰 무렵 새소리,
숲에 바람이 지나가는 소리, 파도 소리, 텐트에 떨어지는
빗소리, 장작 타는 소리. 이처럼 한없이 수긍하게 되는 대
자연의 소리도 있지만, 나만을 위한 작은 소리가 있다면 그
것은 라디오 소리가 아닐까요. 그날의 사람들 이야기와 그
계절의 음악들이 흘러나오는 라디오가 우리에게 주는 위안
이, 소셜 미디어의 글과 사진, 영상의 범람 속에서도 라디
오가 조용히 존재를 지키고 있는 이유가 아닐까 생각해 봅

★ 2012년 전국노점상총연합 금천지역연합
회는 서울시 마을 미디어 지원 사업에 선정되어 6개월
동안 라디오방송 제작 교육을 받았다. 이 글은 이때 활
동을 방송으로 재구성한 것이다.

니다.

　거리의 노점 역시 소리 속에 있습니다. 바람에 마차 천막이 펄럭이는 소리, 비 떨어지는 소리, 언제나 요란한 자동차 소리, 상가에서 들리는 음악 소리, 신호등 소리, 사람들의 이야기 소리…. 자연 속에서 캠핑할 때와는 전혀 느낌이 다른 소리지만, 같은 느낌의 소리가 있다면 그것은 라디오 소리일 겁니다. 굳이 귀 기울이지 않아도 곁에 있어 좋은 소리, 〈노점상의 온에어〉입니다.

진행자　오늘은 〈노점상의 온에어〉를 만들고 함께해 주신 금천노점상라디오 팀원들을 모시고, 〈노점상의 온에어〉가 만들어진 과정과 운영하면서 겪은 에피소드를 들어보도록 하겠습니다. 먼저 뉴스 듣고 오겠습니다.

기자　오늘 오후, 서울에 강풍 주의보가 내려졌습니다. 일부 지역에서는 돌풍이 불 것으로 예상되니 시설물 관리에 주의해 주시길 바랍니다. 노점의 물품이나 설치물이 바람에 날아가지 않도록 단속해 주시고, 물통 및 천막도 끈으로 묶어 주시길 바랍니다.

　다음 뉴스입니다. 고구마 가격 상승으로 분식 노점상

들이 튀김 재료 구입에 어려움을 겪고 있습니다. 물량 부족에 따른 가격 상승은 당분간 지속될 예정입니다. 일부 노점에서는 고구마 대신 감자로 대체하는 등 튀김 가격 인상보다는 자구책을 마련하고 있는 실정입니다.

다음 뉴스입니다. 시흥역 노점상이 수년간 무료 나눔을 해온 것이 알려져 노점상의 미담 사례가 되고 있습니다. 시흥역 앞 노점 K 씨는 수년 동안 무료 나눔이 필요한 곳에 집기 및 생활용품과 생필품을 전달해 왔습니다. 지역 주민 커뮤니티를 통해 무료 나눔이 필요한 곳을 찾아 직접 전달하는 일을 계속해 왔습니다. K 씨의 사례가 알려지면서 지역의 노점상들도 이에 동참하겠다는 의사를 밝히고 있습니다. 이상 오늘의 뉴스였습니다.

진행자 오늘 스튜디오를 찾아 주신 분들이 있습니다. 〈노점상의 온에어〉를 만드신 다섯 분이 함께해 주셨습니다. 안녕하세요. 청취자분들께 인사와 자기소개를 해주시면 되는데요, 실명을 밝히시기 어려울 듯해서, 어디에서 어떤 노점을 하는지로 소개해 주시면 감사하겠습니다.

핸드폰 케이스(이하 케이스) 안녕하세요. 시흥 홈플러스 건너편에서 핸드폰 케이스를 팔고 있습니다.

떡볶이 1 안녕하세요. 시흥역 앞에서 토스트와 떡볶이 등 분식을 팔고 있습니다.

떡볶이 2 안녕하세요. 독산동에서 떡볶이와 미니 포차를 하고 있습니다.

진행자 학생분들도 와계신데요. 소개해 주시죠.

학생 1 안녕하세요. 저는 고 1이고, 독산동 홈플러스 앞 와플 노점의 외동딸입니다.

학생 2 안녕하세요. 애 친구입니다.

진행자 네, 반갑습니다. 무척 흥미로운 구성이네요. 금천노점상라디오 팀은 어떻게 구성된 건가요?

케이스 제가 지인과 이야기를 나누다가 우연히 라디오 이야기가 나왔어요. 노점상이 운영하는 라디오가 있으면 좋겠다, 노점상에게 더 많은 정보를 주는 라디오방송이 있으면 좋겠다, 마포FM에는 노점상이 운영하는 프로그램이 있다는데 우리도 해보면 좋을 것 같다. 뭐, 그런 이야기를 나누다가 서울시에서 마을 미디어 지원 사업이 있다는 걸 알게 되었고, 지역장님을 설득해서 신청을 했는데 선정이 된 거예요. 노점상이 함께 지역 라디오방송을 만들어 보는 프로그램을 하게 된 거죠. 그런데 모두들 장사하느라 바쁘니까 지역 노점 단체에서 임원을 맡고 계신 분들이 반강제로 시작하게 됐어요. (웃음) 그래도 인원이 모자라서 지역장님 자녀분을 꼬시고, 자녀분이 친구를 또 꼬시고 해서 구성된 멤버가 아홉 명 정도인데, 진행하면서 대부분 떨어져 나가고 여기 계신 분들이 끝까지 남은 거죠.

진행자 말씀을 들어 보니 점점 더 궁금한 게 많아지는데요. 우선, 왜 라디오를 하고 싶었는지, 왜 라디오인지가 너무 궁금합니다.

케이스 제가 어릴 적부터 라디오를 좋아했어요. 저희 세대가 그렇듯 주로 라디오로 음악을 듣고, 사연을 들으면서 감수성을 키웠거든요. 10대 때는 저도 사연 편지 참 많이 썼어요. 뭐, 사설이긴 하지만요. 노점상이 되면서 대부분의 시간을 혼자 있게 되는데, 라디오가 있으면 참 좋겠다고 생각했어요. 제 마차는 전기가 들어오지 않아서 전원을 연결해 라디오를 들을 수도 없고, 핸드폰으로 듣기에는 충전의 압박도 있고 해서요. 전기가 들어오는 마차에는 라디오나 오래된 카세트테이프 플레이어가 하나씩 매달려 있기 마련인데, 그게 그렇게 부럽더라고요. 노점상들이 각각 떨어져서 자기 마차에 있지만, 노점상들을 이어 주는 라디오방송이 있으면 좋겠다는 생각을 했어요. 물론 자기 취향의 음악이 나오는 방송을 들으면 되지 않나 생각할 수 있지만, 노점상들은 정보를 얻을 곳이 많지 않거든요. 누군가 알려 주지 않으면 세상 돌아가는 상황을 알기도 어렵고, 더욱이 노점에 대한 정보는 아는 사람들만 알게 되기도 하고요. 그래서 노점 정보도 알려 주고, 세상 돌아가는 상황도 노점에 맞게 알려 주고, 서로 사연도 나누면 좋겠다고 생각한 거죠.

당연하게도 노점상의 상황을 가장 잘 아는 사람이 노점상이고, 일을 하느라 보는 건 어려워도 들을 수는 있고, 내 노점이 고립되어 있는 게 아니라 서로 연결되어 있다는 걸 느낄 수 있는 매체가 라디오라고 생각했어요. 더 많은 시민들이 노점상에 대해 좀 더 알고 이해하게 되면 좋기도 하고요.

진행자 그렇군요. 그래도 노점상 단체가 서울시 지원 사업을 받는 건 쉬운 일이 아니었을 듯합니다.

케이스 네. 노점 단체는 임의단체라 서울시 지원 사업에 응모하려면 국세청으로부터 법인단체격 고유 번호를 받아야 했어요. 지원 사업이 안 되더라도 이렇게 단체를 등록

하면 앞으로 유리한 일이 많을 거라고 지역장님을 설득했죠. 노점이 합법이 아니라고 노점 단체도 불법으로 아는 사람들이 많거든요. 지역에서 바자회나 어린이날 행사나 연대도 많이 하고 있는데, 노점 단체도 지역의 떳떳한 시민사회단체 중 하나로 인정받을 수 있고, 구청과 협의하는 데도 도움이 될 거라고 생각했어요. 그렇게 단체를 세무서에 신고하고 지원 신청서를 넣었는데, 노점상 마을 미디어라는 게 특이해서인지 덜컥 선정이 된 거죠.

진행자 케이스님은 이 사업의 제안자이시니까 그렇지만, 끌려 나오신 (웃음) 다른 분들은 그래도 끝까지 참여하셨는데, 참여 동기와 목표랄까 그런 게 있다면 어떤 것일까요?

떡볶이 1 사실 반은 하라고 해서 시작한 것도 있어요. 지역장님이 하라면 해야죠. (웃음) 그리고 케이스님이 지역을 위해 뭔가 하려는데 제가 도와주는 것도 당연했고요. 그런데 교육이 시작되고 방송 장비 앞에 앉아서 직접 진행을 해보니까 정말 재미있더라고요. 제가 지역의 선전국장인데, 노점 탄압 상황을 방송으로 알려야겠다고 생각했습니다. 제가 장사하는 자리도 몇 년째 분쟁이 계속되고 있거든요. 방송을 통해 각 노점상들의 상황과 고충, 구청의 단속도 알리고, 필요한 지역의 연대도 알리면 좋겠다고 생각했어요.

학생 1 저는 재밌을 것 같았어요. 친구랑 함께하자고 한 것도 그래서인데, 제가 듣고 싶은 노래는 선곡해서 들려주고, 친구와 함께 이야기하는 게 방송이 된다니 흥미진진하잖아요. 그리고 우리는 하고 싶은 이야기가 너무 많아서 사연만 받아도 온종일 이야기할 수 있어요. 둘이 음악 방송을 하는 게 목표라면 목표였어요.

진행자 네, 조금씩 다른 목표가 있었지만 그 다른 것을 이해하기에도 너무 좋은 팀이었을 것 같습니다. 여태까지 진행하시면서 가장 기억에 남는 일이나 재미있는 에피소드가 있다면 들어 보고 싶은데요. 먼저 광고 듣고 오겠습니다.

⊕ **광고**

아직도 양철통에 초를 켜고 뚜껑을 덮어 앉아 계십니까? 이제 추위 걱정 싹! 발열 방석 뜨끈이가 있습니다. 보조 배터리로 전기 걱정 NO! 최대 70도로 하루 종일 따뜻하게! 화재 위험 없이 안전하게! 발열 방석 뜨끈이! 발열 조끼도 있습니다.

학생 2 저는 관악FM과 마포FM에 방송 실습을 간 날이 제일 재미있었어요. 저희도 방송 장비가 있었지만, 그래도 스튜디오에서 하는 것과는 느낌이 너무 다르더라고요. 스튜디오 안에 멋진 방송 장비가 갖춰져 있고, 티브이에 나오는 것 같은 마이크가 딱 있고, 진행하면서 전화도 연결했는데, 너무 신기하고 재미있었어요.

학생 1 그런데 갑자기 헬스 트레이너 얘기 때문에 방송 사고 날 뻔했잖아.

진행자 그건 무슨 얘기인가요?

학생 2 애랑 같이 진행하는데, 대본이 다 있는 게 아니거든요. 얘가 운동하러 다니는데, 헬스 트레이너에게 뽕 간 거예요. 제가 그걸 눈치채고 있다가, 방송할 때 이상형 이야기를 하면서 제가 딱 맞춘 거죠. 그래서 어머 어머, 너 어떻게 알았어, 하다가 방송 망칠 뻔했죠.

학생 1 헬스 트레이너가 들으면 어쩌려고 막 이야기를 하냐고!

떡볶이 2 그날 저희도 방송 끝나고 투덕투덕했어요.

진행자 재밌네요. 말씀해 주세요.

떡볶이 2 저랑 떡볶이 1이랑 같이 진행을 하는데요. 둘 다 노점을 하고 떡볶이를 파니까 자연스럽게 음식 노점 이야기를 하게 된 거죠. 노점상 중에 원가 아끼려고 질 낮은 오뎅을 쓰거나, 그날 남은 떡볶이랑 튀김을 다음 날 맨 위에 얹어서 파는 사람들이 있는데, 그러면 안 된다고 제가 이야기했거든요. 노점상 라디오니까 그런 이야기를 해야 한다고 생각했어요. 그런데 방송 끝나고 그런 이야기를 방송에다 하면 어떻게 하냐고 떡볶이 1이 화를 버럭 내는 거예요.

진행자 왜요?

떡볶이 2 노점상만 듣는 게 아니고 더 많은 시민들이 듣는데, 노점상들이 다 그런 줄 알 거 아니냐고 막 화를 내면서 뭐라 해서 기분이 팍 상했어요.

떡볶이 1 제 말이 맞잖아요. 노점상에 대해 좋은 이야기를 해야죠.

떡볶이 2 아니 진짜 방송한 것도 아니고, 연습으로 한 건데 그걸 가지고 그렇게 화를 낼 일이냐고요. 재미있자고 하는 건데… 융통성이 없어요.

진행자 아, 그럼 지금 에피소드들은 모두 방송 연습 때 일인 거네요.

케이스 네. 저희가 한 건 마을 미디어 교육을 받고, 방송을 만들기 위해 연습을 해본 거죠. 아직 금천에는 마을 미디어가 없고, 채널도 없으니까요.

진행자 알겠습니다. 정말 실전처럼 연습하신 게 에피소드에서 느껴지네요. 또 기억에 남는 일이 있다면 어떤 것일까요?

떡볶이 1 저희가 실습하러 관악FM에 갔다가, 그곳을 촬영하던 다큐멘터리 감독님이 우리 이야기도 재미있겠다며, 금천노점상라디오 팀을 촬영하신 거예요. 지역에서, 노점상이, 라디오를 한다는 게 엄청 흥미로웠나 봐요. 그래서 우리를 촬영하기 시작했는데, 그때 마침 저도 케이스님도 모두 단속을 받고 다른 노점상들과 갈등이 있어서 촬영하느라 엄청 고생하셨죠. 라디오방송을 해보는 것도 신기한 일이었지만, 저를 촬영하는 카메라가 가까이에 있는 것은 엄청 새로운 경험이었어요. 감독님 덕분에 힘도 많이 났어요.

진행자 그런 일도 있으셨군요. 노점 라디오와 다큐멘터리

라니 정말 방송인들이시네요. (웃음)

우리 방송 이름이 〈노점상의 온에어〉인데요. 이렇게 정한 이유가 궁금합니다.

케이스 방송 실습을 갔을 때, 방송 시작과 함께 스튜디오 '온에어' 전광판에 불이 반짝 켜지는 거예요. 그 순간, 뭐랄까. 삶에 불이 들어오는 느낌이랄까? 저의 노점에도 불이 반짝하고 켜지는 느낌이랄까, 그랬어요. 어두운 거리에 따로 떨어져 있지만 노점 마차마다 불이 반짝 켜지고, 크리스마스 마을 같은 분위기가 연상되는 거요. 그래서 생각했어요. 노점상도 그곳의 사람들도 지역과 함께 '온에어' 되고 싶다고. 그래서 이름을 〈노점상의 온에어〉로 정하게 됐어요.

진행자 말씀을 들으니 '온에어'가 켜질 때의 긴장감보다는 따뜻한 느낌이 더 많이 드네요. 지금 이 스튜디오에도 '온에어'가 켜져 있습니다. 여러분들의 라디오도 노점도 언제나 온에어이기를 바랍니다.

자, 이제 마지막 질문만 남았는데요. 앞으로의 계획이나 포부가 있다면 말씀해 주시죠.

케이스 야외 스튜디오를 만들고 싶어요. 저희 지역에는 마차보다 구청으로부터 절반의 허가를 받은 박스형 노점이 많잖아요. 제 노점도 박스이고요. 제가 있는 곳이 디자인 거리인데, 노점 박스를 미니 스튜디오로 꾸미고, 거리에서 라디오 생방송을 해보고 싶습니다. 노점상의 라디오가 거리에서 '온에어'를 켜고 시민들과 만나는 것, 멋진 일이 될 것 같습니다.

진행자 네, 말씀 감사합니다. 함께해 주신 금천노점상라디오 팀 다섯 분께 감사드립니다.

이야기를 나누면서 라디오와 노점은 조금 닮았다는 생각을 해봅니다. 조용히 귀를 기울이거나 잔잔하게 소통하는 라디오처럼, 노점상도 거리에서 따뜻하게 정을 나누는 존재가 되었으면 좋겠습니다. 금천노점상라디오 팀의 신청곡을 듣겠습니다. 이승윤의 〈흩어진 꿈을 모아서〉.

나의
노점 반대파

새까만 감독님과 〈거리 속 작은 떠돗〉

감독님의 새까만 옷, 새까만 카메라, 새까맣고 긴 삼각대. 감독님이 찍던 내 노점 박스는 밝은 연두색. 네모나고 연두연두한 노점 박스의 살짝 대각선 옆에 새까맣게 서있던 감독님과 감독님의 카메라. 2012년 가을부터 금천구 시흥동 홈플러스 건너편에서 쉽게 볼 수 있던 모습이다.

내가 속한 금천의 노점상 조직이, 서울시에서 지원하는 마을 공동체 라디오 교육 프로그램을 신청해 선정되었고, 장비도 공간도 없었던 우리는 관악FM에 가서 교육을 받고 실습을 하곤 했다. 감독님은 관악FM을 찍고 있었다. 계화도에서 10년 동안 새만금 간척 사업을 반대하는 주민들의 모습을 다큐로 담았던 그는 이제 어머니의 집으로 돌아와 자신이 살고 있는 지역을 카메라에 담아 봐야겠다고 생각했다. 그런데 관악FM은 지역 라디오방송을 하는 곳이고, 다양한 라디오 프로그램이 있기는 하지만 생존을 위해 치열하게 투쟁하는 현장을 담아내던 감독님에게는 꽤나 심심한 작업이었다. 그러던 중 우리를 만났다. 노점상이 라디오를 한다고? 감독님은 바로 카메라를 들고 우리 노점이 있는 거리로 왔다. 금천구 노점상들의 일상으로 스윽 들어왔다.

"왜 노점을 합니까? 다른 방법도 있잖아요."

"먹고살려고 하지요. 대부분의 노점상은 적당한 일자리가 없어서 노점을 해요. 가게를 열 만한 돈은 없고, 임금이 낮은 일자리라도 들어가기에는 건강이 나쁘거나 부양가족이 많아서 더 많은 시간과 노동을 들여서라도 일해야 하는 사람들이 거리로 나오는 거죠. 경기가 안 좋고 일자리가 줄어들면 트럭 노점을 하는 사람들이 늘어나는데, 그런 이유 때문이에요. 그나마 일할 수 있는 사람들이 최후로 선택한 곳 중 하나가 노점이에요."

감독님은 생계로 노점을 선택하는 것에 대해서는 쉽게 수긍했다. 덥고 춥고, 물도 없고 전기도 없는 불편함과 단속을 감수하고라도 노점으로 먹고살겠다고 거리로 나온 사람들은 여전히 많다. 그래도 장사가 안 되어 얼마 안 가 포기하는 사람들이 대부분이다. 장사가 잘되려면, 그만큼 유동 인구가 있는 곳에 자리를 잡아야 하지만, 그런 곳에서는 단속을 버티고 끝까지 살아남아야 한다. 나는 버티는 중이었다.

"세금을 내지 않고 노점을 하는 게 정당한 일은 아니잖아요?"

"세금을 피하려고 노점을 하는 게 아니에요. 생존을 위해 거리로 나왔는데, 노점을 불법이라고 없애야 하는 대상으로만 보는 게 문제죠. 노점상이 도둑질을 하거나 폭력을 행사하는 것 같은 죄를 저지르는 것도 아닌데요. 정부와 지자체가 관리를 위해 행정상 정해 놓은 질서 안에 들어가지 못해 생기는 문제인 거죠. 무조건 불법이라고 하니까, 세금을 내려고 해도 낼 수 없는 상황이 되어 버린 거예요."

감독님은 먹고살기 위해 어쩔 수 없이 노점을 하더라도 여전히 문제가 있다고 생각했다.

"세금을 낼 수 있도록 합법화해 준다고 해도 안 하잖아요."

"지금 이야기되는 합법화는 세금을 낼 수 있도록 모두

합법화하는 게 아니에요. 도로점용에 대한 허가에 한정되어 있어요. 지금의 법으로는 노점상이 온전히 합법화되기가 쉽지 않아요. 노점상이 세금을 내겠다고 사업자 등록을 하기도 어렵지만, 어찌어찌 등록을 한다 해도 노점에서 장사한다는 것 자체가 법에 걸리는 것투성이에요. 그런데 1980년대부터 노점에 대한 합법화는 계속 노점을 없애는 정책이었어요. 노점상은 경험으로 알아요. 내 정보를 지자체가 다 알면, 일상적으로 과태료가 부과되거나 철거의 대상이 될 수 있다는 것을요. 생각해 보세요. 단속 없이 합법화해주고 전기도 설치하게 해준다는데 노점상이 왜 반대하겠어요. 결국 노점을 줄이고 없애려고 한다는 생각이 경험적으로 각인되어 있는 거죠."

이런 대화는 이후로도 계속 반복되었다. 감독님이 내 주변의 노점상들과 친해지고, 그들 노점에서 이루어지는 노동과, 어렵게 모여 공동체 라디오를 해보려는 과정을 촬영하면서도 감독님은 둘이 조용히 이야기 나눌 시간이 생기면 늘 질문을 하곤 했다.

"사람들은 임대료도 안 내고 장사하는 사람들이 벤츠 타고 다닌다고 욕해요."

"저는 임대료가 너무 높은 게 문제라고 생각해요. 괜찮은 일자리가 없으니 자영업자는 계속 늘어나는데, 임대료는 너무 비싸요. 그 임대료를 버텨 내지 못해 빚을 지고 가게 문을 닫은 사람들도 노점을 하려고 거리로 나와요. 터무니없이 비싼 임대료를 문제 삼지 않고, 노점상을 욕하는 건 화풀이에 가까워요. 그리고 저는 진짜 많은 노점상을 봐왔는데, 여태까지 외제차 탄 노점상은 딱 두 명 봤어요. 그중한 명은 대포차였어요. 제가 노점을 해봐서 아는데, 노점해서 그렇게 돈 벌기는 정말 쉽지 않아요. 노점상들은 대부분 하루빨리 돈을 벌어서 자기 가게를 마련하는 게 꿈이에요. 돈을 버는 것 자체가 문제라기보다는 그냥 노점상이 차를 가지고 다니는 게 보기 싫은 것 아닐까요?"

"노점이 불법이어서 문제라기보다는, 노점상들이 그걸 너무 당연하게 생각하는 게 문제라고 생각해요."

"노점상 중에서 노점이 권리라고 생각하는 사람은 소수에 불과해요. 저를 보세요. 제 권리를 위해 싸우는 게 아니에요. 생존을 위해서 버티는 거죠. 그렇지만 감독님 말도 이해해요. 언젠가부터 노점상에 대한 사람들의 인식이 달라졌어요. 예전에는 살기 위해 거리에서 열심히 일하는 서민의 표본 같은 것이었는데, 지금은 보행권을 침해하고 세금도 안 내는 불법의 표상처럼 되어 버렸죠. 사회가 변한 것도 있고 이상한 화풀이도 있겠지만, 결국은 노점상 스스로가 함께 살아가는 사회 구성원의 역할을 하지 못한 이유가 크다고 생각해요. 우리가 법만으로 살아가는 건 아니잖아요. 법은 최소한이고 한 사회에서 만들어지는 사회적 질서 같은 게 있는 건데, 노점상과 함께 살아가는 사회적 질서를 만들지 못한 거죠. 오히려 공정하지 않은 일이 되면서 법의 잣대로 처벌해야 할 대상이 되어 가고 있어요. 제가 여기서 노점을 하고, 노점상의 라디오를 하는 것도 노점상이 용인되고 함께 어우러지는 지역사회를 만들고 싶어서인지도 몰라요."

감독님은 이해한 듯 이해하지 못한 듯 계속 비슷한 질문을 했다. 언젠가는 반복되는 같은 질문에 지쳐 살짝 언성을 높인 적도 있었다.

"아니, 노점상이 정당하지 않다고 생각하면서 왜 우리를 찍어요? 이해도 용납도 안 되는 존재를 뭐 그렇게 열과 성의를 다해서 찾아와 찍냐고요. 그럴 거면 차라리 찍지 마세요!"

감독님은 노점을 이해하지 못했다. 하지만 부정하지도 않았다. 자신의 머릿속에 있는 의문은 의문대로 두고, 노점상인 우리의 일상과 싸움을 묵묵히 촬영했다. 정의롭게 포장하려 하지 않고 날것 그대로의 우리를 지켜보며 담아냈다.

그런 질문과 대답이 반복되는 가운데 노점 단속과 노점 간 싸움이 벌어졌다. 지역의 다른 노점상 조직이 가산디지털단지 쪽에 서너 개의 노점을 새로 깔면서 내 노점에 대한 본격적인 단속이 시작되었다. 혼자 뚝 떨어져 있는 내가 우선 단속의 대상이 되었다. 노점을 지키는 길고 긴 날들이 시작되었다. 노점을 빼앗기지 않기 위해 나는 3개월 동안 박스에서 잠을 자며 박스를 지켰다. 감독님은 내가 노점을 지키며 봉고차와 노점 박스에서 자는 동안 나보다 더 추운 밖에서 나를 촬영했다.

날이 점점 추워지던 어느 날 이른 아침, 단속반이 나왔다. 나를 박스 안에서 끌어내야 박스를 들어낼 수 있기 때문에 나는 박스 안에서 버티며 싸웠다. 문을 억지로 열려고 하는 단속반에 맞서 장렬하게 싸웠다. 밀렸다. 나는 박스 안의 선반 기둥을 붙잡고 주저앉았다. 이때 감독님이 힐레벌

떡 도착해서 단속 상황을 찍기 시작했고, 뭘 찍느냐고 따지는 단속반과 실랑이가 벌어졌다. 감독님은 크게 흥분하지도 않으면서 엄청 냉정하게 단속반을 향해 우다다다 쏘아붙였다.

"사람이 저 안에 있는데, 이걸 지게차로 실으면 됩니까? 저 안에 있는 분이 여성인데, 다수의 남성들이 억지로 끌어내리고 하면 잘못된 것 아닙니까? 여기서 노점을 하는 게 누구에게 불편을 줍니까? 인도가 이렇게 넓고, 이미 주변 상인들과도 잘 지내고 있는데, 구청에서는 여기만 계속 단속하는 이유가 뭡니까? 사전 계고도 없이 이른 아침 출근길에 시민들이 보는 데서 이렇게 강압적으로 공권력을 행사하는 건 공권력 남용이에요. 제가 여기서 몇 달 동안 다큐를 찍고 있는데 이 과정도 다 찍고 있습니다. 억지로 사람 끌어내 보세요!"

우와, 저렇게 말을 많이, 그리고 잘하는 사람이었구나. 단속반이 물러갔다.

'노점을 인정 못 한다더니….'

하지만 이후로도 단속은 계속되었고, 나는 결국 버티지 못하고 노점 박스를 뺏겼다. 그래도 노점 간의 싸움은 계속되었다. 나는 내 마차를 지키느라 가산디지털단지 쪽에서 벌어진 노점 간의 싸움에 대해 제대로 이해하지 못하고 있었다. 나나 감독님이나 다른 노점 단체가 신규 노점을 깔면서 내 노점을 인정할 거면 자신들의 노점도 인정해 달라고 주장하는 상황이라고 생각했다. 그래서 구청이 내 노점을 단속한 거라고.

그러나 내 노점이 철거된 뒤에도 노점 간의 싸움은 점점 격화되었다. 저쪽 단체는 우리 회원들의 노점 앞에 차를 대고 장사를 하지 못하게 했고, 우리 단체는 저쪽 단체 지역장 노점에 마차를 대고 막았다. 양쪽 모두 장사도 못 하고, 잠도 못 자며 밤새 지키고 싸웠다. 싸움의 결론은 어이없게 났다. 저쪽 단체를 탈퇴해 우리 단체로 온 노점상이, 술 포장마차 세 개를 깔 목적으로 저쪽 단체 노점상과 품목 갈등을 일으켰고, 이런 속사정을 알지 못했던 우리와 저쪽 단체 모두 이용당한 것이었다. 싸움의 명분도 이유도 없었다. 양쪽 단체 모두 싸움을 중단했다. 그리고 감독님도 촬영을 중단했다.

감독님의 다큐멘터리 영화는 〈거리 속 작은 연못〉이라는 제목으로 세상에 나왔다. 함께 살아가기 위해 노력해도 모자랄 노점상들 간의 싸움이 이 영화에 담겼다. 감독님은 영화를 미완성인 채로 마무리했다.

나는 시흥동의 우리 건물 앞으로 돌아가지 못했다. 돌려받은 노점 박스는 어느 고가 밑 공터에 임시로 놓였고, 나는 남은 짐을 정리하고 가산디지털단지에서 녹즙 배달을 시작했다. 이강길 감독님은 설악산 케이블카 반대 투쟁을 찍기 위해 설악산으로 떠났다.

나는 화면을 가득 채운 우리의 모습, 〈거리 속 작은 연못〉을 보면서, 감독님이 우리를 이해하는 방식을 조금은 알 수 있을 것 같았다. 영화를 통해 감독님의 목소리가 들리는 듯했다.

"당신들이 옳은 건 아닙니다. 틀린 것도 아니지만요. 보세요. 이게 당신들의 모습입니다. 누군가는 아름답다고 느낄, 누군가는 처량하다고 생각할, 누군가는 욕할 당신들의 모습 그대로입니다. 생존이라는 이름으로 서로를 짓밟는 모습 속 어디에도 생명과 평화의 힘은 느껴지지 않았습니다. 나는 내가 사는 지역의 모습을 담고 싶었습니다. 그러나 당신들의 모습을 보면서, 아직 나는 더 찾아가야 할 곳이 있다고 생각했습니다. 그래도 라디오를 통해 공동체를 만

들어 보겠다던 포부가 다른 어느 곳에서라도 다시 시작될
수 있기를 바랍니다.”

일러스트레이션. 박성민

나는 구워 놓고 식어 가는 잉어빵을 애써 외면하기 위해
적이나 산만해졌다. 돈도 세어 보고, 탁소도 떼기 쉽게 잘
치워 주고, 잉어빵 틀의 찌꺼기도 긁어내면서 한껏 산만을
떨어도 기다림의 시간은 내게 너무 버거웠다.

잉어빵을 팔다 보니, 모든 금액이 잉어빵으로 환산됐다.
예를 들면, 소주 한 병은 잉어빵 네 개, 3000원짜리
커피는 잉어빵 열 개, 해받에 3만 원이면 잉어빵 40,
50개... 뭐, 이건 식이었다. 내게 잉어빵은 곧 나의
노동이었다.

노컷 안속이 있을 때 구청은 계고장으로 선전포고를
한다. '언제까지 치워라. 아니면 강제 철거한다'가
요지다. 계고장을 그냥 두고 가도 되는데, 사진을
찍어야 한다며 천거에 불였다. 살짝 위만 불여도
될 것을 스테커로 되어 있는 계고장을, 천의 역활을
하는 천거의 투명한 비닐 부분에 철썩 불였다.

내가 만든 떡볶이와 오뎅과 순대는… 맛있었다! 오뎅 국물은 국산
고춧가루를 써서 칼칼하니 어린아이들에게는 먹이지 말라고 미리 얘기해
줘야 할 정도였는데, 국물이 맛있다고 매일 들러 오뎅만 찾는 손님도
있었다. 순대도 맛있었는데, 집에서 들깨를 갈아서 만든 순대 소금에
찍어 먹으면 더욱 고소하다. 순대를 삶고 나면 나는 도마에 순대와
내장을 조금씩 썰어 놓고 도마 끝에 소금을 얹어 찍어 먹곤 했다. 내가
한 음식을 가장 많이 먹는 사람은 바로 나였다.

내 마차가 광고탑 역할을 할 수 있다는 사실을 알게 된 우리 건물 상가들이 눈을 반짝이며 내 마차를 바라보기 시작했다. 제일 먼저 우리 건물 5층의 한의원이 찾아왔고, 내 마차의 천수막을 바꿔 주었다. 이 천수막으로 모든 메뉴를 적을 것이라서 한의원은 붕방 광고물 안속에 끼지지 않았다. 디자인 거리 세련번에 떡하니 위치한 내 마차의 천수막은 멀리서도 잘 보였다. 한의원은 매우 흡족해했다.

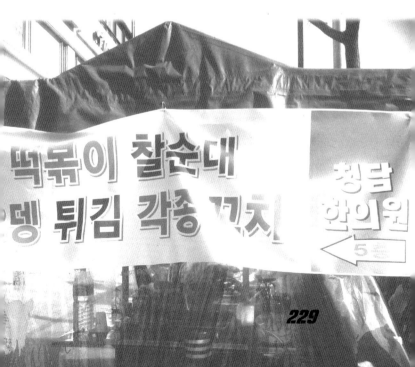

손님이 핸드폰을 보여 주면 나는 그 기종에 맞는 케이스를 추천해야
한다. 이 단계에 이제 발을 들인 나로서는 모든 핸드폰이 비슷해 보였다.
공부를 해보려고 했지만 모든 기종의 핸드폰을 직접 볼 수 있는 것도
아니어서 쉽지가 않았다. 장사를 시작하면서 걱정이 태산이었으나,
이 문제는 의외로 수월하게 해결되었다. 시간이 너무 많았기
때문이다. 떡볶이 장사는 몸을 계속 움직여야 했지만, 케이스
장사는 손님이 올 때까지 하는 일이 없었다. 공부할 시간은 충분했다.

감독님은 노건을 이해하지 못했다. 하지만 부정하지도 않았다. 자신의 머릿속에 있는 의문은 의문대로 두고, 노건상인 우리의 입상과 싸움을 묵묵히 환영했다. 정의롭게 포장하려 하지 않고 날것 그대로의 우리를 지켜보며 담아냈다. … 노건을 빼앗기지 않기 위해 나는 3개월 동안 버스에서 잠을 자며 버스를 지켰다. 감독님은 내가 노건을 지키려 봉고차와 노건 버스에서 자는 동안 나보다 더 추운 밖에서 나를 환영했다.

231

나는 누군가 내가 만든 음식을 먹고 기뻐했으면 좋겠다. 그것이 설령 내가
먹고싶기 위한 그런 음식일지라도 누군가의 허기를 채우고, 어느
사무실의 간식이 되고, 어느 집의 저녁 둘만의가 되어 잔잔한 즐거움이
되었으면 좋겠다. 욕심을 한껏 부려 언젠가 내 마트치 않을 지나가며
"쏨!" 하고 첫 한 입 삼키거나 입가에 미소 한 번 띠게 하는
음식이었으면 좋겠다. '먹고사는 일'이 중요한 만큼 그 먹고사는 일을
'함께하고 기쁘게 했으면' 좋겠다. 말과 행동으로는 못다 하는 감사와
애정과 격려와 위로와 경의를 써신하는 것이 함께하는 방식이라고
나는 믿고 있다.

인생은 예측 불허

　그래도, 괜찮습니다.

　　　유의선